大连博物馆藏品选

DALIAN MUSEUM COLLECTIONS SELECTION

主编 姜晔

图书在版编目（CIP）数据

大连博物馆藏品选 / 姜晔主编. -- 北京 : 文物出版社, 2019.11

ISBN 978-7-5010-6355-0

Ⅰ. ①大… Ⅱ. ①姜… Ⅲ. ①博物馆—历史文物—介绍—大连 Ⅳ. ①K872.313

中国版本图书馆CIP数据核字(2019)第235659号

大连博物馆藏品选

编　　者：姜　晔

责任编辑：徐　旸
责任印制：张　丽

出版发行：文物出版社
社　　址：北京市东直门内北小街2号楼
网　　址：http：//www.wenwu.com
邮　　箱：web@wenwu.com
经　　销：新华书店
制版印刷：天津图文方嘉印刷有限公司
开　　本：889mm × 1194mm　1/16
印　　张：13.5
版　　次：2019年11月第1版
印　　次：2019年11月第1次印刷
书　　号：978-7-5010-6355-0
定　　价：198.00元

编 委 会

主　编　姜　晔

副主编　李媛媛

委　员　（按姓名笔画为序）

于孝东　李　慧　李媛媛

谷振释　姜　晔　薛　璟

目录

走进大连博物馆
领略大连城市历史文化的独特魅力

概　述

大连博物馆位于大连市区南部的星海湾畔，是世纪之交大连市政府建设的大型文化设施，1999 年 11 月动工，2002 年 3 月对外展出。大连博物馆主体建筑地上四层，地下一层，建筑面积 3.04 万平方米，陈列面积 1.5 万平方米。现为国家一级博物馆、全国科普教育基地、辽宁省和大连市爱国主义教育基地。

大连博物馆始终坚持为人民服务、为社会主义服务的方向和贴近实际、贴近生活、贴近群众的原则，丰富人民群众精神文化生活。2013 年 4 月 28 日，历时 6 年筹备的基本陈列《近代大连》向公众开放，以表现 1840–1949 年近代大连历史为主题，内容分为“旅大的开发与海防建设”“中日甲午战争中的旅大”“俄国租借旅大与港口城市的形成”“日俄战争与日本殖民统治”“多元文化的交流与融合”“近代大连人民的反抗斗争”和“大连解放与人民政权的建立”七个单元，展出文物 1300 余件、历史照片图表 800 余幅。《近代大连》是全面展示城市百年历史的综合陈列，是海内外观众了解近代大连历史文化的窗口。

除基本陈列外，大连博物馆还开辟多个专题展厅和临时展厅，用来承接各种规模的海内外主题文物精品展和艺术珍品展。2007 年以来，先后举办了《清宫遗珍——沈阳故宫清代宫廷文物》《永远的长安——陕西历史博物馆馆藏唐代文物精品》《晋国雄风——山西出土两周文物精华》《半岛古韵——大连地区出土文物精品》《丝绸之路——大西北遗珍》《中原商周文明——河南考古新发现文物》《远渡西洋——江户名瓷伊万里》《契丹风华——内蒙古辽代文物珍品》《三峡琴韵——重庆中国三峡博物馆藏古琴展》《马王堆汉墓——长沙国贵族生活》《金缕玉衣——汉代中山国王陵考古揭秘》《巴蜀探秘——三星堆和金沙遗址出土文物菁华》《朝花夕拾：鲁迅的美术世界》《朱明盛长——明代藩王宫廷艺术》《祥云托起珠穆朗玛——藏传佛教艺术精品》《三秦华章 光耀四方——陕西周秦汉唐文物精华》等大型展览。与此同时，还举办了日本、美国、俄罗斯、克罗地亚、比利时、法国、奥地利等国的艺术展览，使大连市民足不出户就能欣赏到高水平的艺术展览。

大连博物馆根据本馆藏品状况，自 2014 年始创办具有自己特色的展览。截至目前，先后创办了《足迹——焦裕禄在大连（1955–1956）》《灯影的魅力——大连博物馆藏辽南皮影艺术》《那年·绣色——大连博物馆藏绣品》《那年·记忆——大连博物馆藏 1960–1990 年照片》《锈迹—大连工业遗产图片》等展览，并到国内许多城市展出，宣传大连本土文化，发挥博物馆应有的作用，受到社会的广泛赞誉。特别是 2017 年为迎接中国共产党第十九次全国代表大会召开而创办的《圆梦——从北洋铁甲到航母舰队》展览，依托大连作为近代中国海军诞生之地、

“海军军官摇篮”“海军舰艇摇篮”和我国第一艘航母完成改造之地、国产第一艘航母诞生之地的优势，以图片、实物资料、模型等揭示了近代海军强军梦碎到新时代航母下水，终于圆梦的历史进程。自 2017 年 9 月 28 日开展，特别是党的“十九大”召开以来，成为各级党组织开展“不忘初心　牢记使命”活动的课堂，受到社会各界的广泛赞誉。在 2018 年 5 月 18 日国际博物馆日，《圆梦——从北洋铁甲到航母舰队》展览荣获第十五届（2017 年度）“全国博物馆十大陈列展览精品奖”。

大连博物馆建立时间较短，建馆之初，文物藏品几乎是一片空白，陈列的文物基本是从其他博物馆借展。建馆伊始，博物馆就重视文物的征集，近年来文物征集成果更为显著。

大连博物馆文物征集的重点是近现代文物，其主要方法，一是与当地媒体联合，在报纸上刊登面向社会的征集启事。近年来数次在《大连日报》刊出文物资料征集启事，特别是 2015 年为纪念中国人民抗日战争暨世界反法西斯战争胜利 70 周年，与《大连日报》社共同发起的征集启事，得到了社会各界的踊跃支持，纷纷捐献近现代文物和资料或提供线索。二是根据线索主动征集，使一批重要文物得以入藏。三是利用出访等机会，走出国门征集文物。四是接受国内外人士的捐赠。

2014 年 8 月 19 日大连博物馆征集入藏的焦裕禄亲笔填写的履历表，有着一段曲折的经历。十年动乱期间，大连起重机器厂的留存档案多有遗失，工厂里一位有心的老职工悄悄将这份履历表抢救回家，珍藏起来。这位老职工去世之前，郑重地将履历表交由另一位老职工收藏。2014 年正值焦裕禄逝世 50 周年，习近平总书记视察兰考的讲话激起了他对焦裕禄的追思，于是便将这份履历表送到了《大连日报》社，希望借全国掀起的学习焦裕禄精神热潮之机，让更多的人能够见到这份珍贵的文物，将焦裕禄精神更好地传承下去。这份泛黄的履历表，编号是铅笔写的 58 号，由中央人民政府人事部制、中央人民政府第一机械工业部翻印、大连起重机器厂再次翻印的干部履历表，照片中的焦裕禄眉目清秀，目光炯炯有神，上衣兜还别了一支钢笔。仔细辨别，发现与河南兰考县焦裕禄陵园墓碑上的照片相近，据他女儿所说，焦裕禄不爱照相，因此推断为 32 岁时在洛阳机械厂时所照。履历表记录了焦裕禄的个人状况、家庭状况、个人经历和工作经历。据履历表，焦裕禄 1946 年 1 月参加中国共产党，任过县委宣传干事、区委副书记、团县委书记、团地委宣传部长、团地委第二副书记、县委委员。1945 年参加过民兵，随鲁中武装部参加解放莱芜战役、临朐战役和反奸诉苦、剿匪反霸、反霸减租、土地改革、土改复查、镇压反革命、新老“三反”、土改整风及反右倾等。1946 年在山东渤海区土改复查工作队参加“三查三整”；1948 年至 1951 年，在河南尉氏县委工作，参加过数次土改整风和反右倾整风；1951 年在中共陈留地委参加“三反”；1952 年在陈留地委参加“镇反”；1953 年在郑州地委参加新“三反”；1953 年 6 月至 1955 年 2 月，任洛阳矿山机器厂基建科副科长；1955 年 2 月在洛阳矿山机器厂参加审干。至 1955 年 3 月填表时至 1955 年 8 月 10 日，任大连起重机器厂机械车间代培主任。人们对“县委书记的榜样”焦裕禄在河南省兰考县鞠躬尽瘁、死而后已的模范事迹早已耳熟能详。但是，焦裕禄在此之前的大连起重机器厂经历，却鲜为人知。焦裕禄于 1956 年下半年提前调离，在大连起重机器厂工作了 630 天，这也是他工作生涯的重要时期。在大连期间，他密切联系群众、关心困难职工生活等事迹曾在大连日报多次刊登。可以说，大连与兰考一样，也是焦裕禄精神的发祥地之一。焦裕禄履历表的发现，为研究焦裕禄的生平事迹提供了极为珍贵的资料。

大连博物馆基本陈列《近代大连》于 2013 年 4 月 28 日对外试开展之后不久，工作人员在整理《观众留言簿》时发现有一页写着："大连'放火团成员'邹立升、包玉侠孙子在'五·四'节到展（馆）参观。谢谢！邹岩 2013 年 5 月 4 日 16：05。"在基本信息栏内还填写了留言日期、姓名、工作单位、联系电话。"大连抗日放火团"即国际情报组，是 20 世纪 30 年代苏联红军参谋部领导的一个以大连工人为主体，以破坏日本占领区的军事设施和烧毁日军后方战略物资为目标的国际性反法西斯秘密组织，总部在上海。当时的大连是日本侵华基地之一，自然成为"抗日放火团"的活动中心。"大连抗日放火团"在反抗日本殖民统治的斗争中谱写了一曲中华民族的壮歌，是陈列要重点表现的内容，但遗憾的是很难找到有关实物资料。这条留言当即引起了关注。博物馆专业人员很快与留言人邹岩先生取得了联系，得知"抗日放火团"成员邹立升的部分遗物，多年前已送给山东老家，目前已经失去联系。这是一项抢救性的工作，经过辗转，终于在山东省烟台市芝罘区黄务村找到了白瓷钵、算盘和《控诉书》等遗物的下落，将其征集入藏。

邹立升是国际情报组（抗日放火团）大连地区负责人之一，与包玉侠是夫妻。白瓷钵就是邹立升当年配制定时燃烧物时使用的，正是采用了这种定时燃烧的先进手段，保证了行动的成功，使日本殖民当局在较长时间里一直怀疑这些火灾属于自然火灾。邹立升于 1940 年 7 月 3 日被日本殖民当局逮捕，受尽酷刑，手指被铁筷子夹断，皮肉被剥掉，但他仍然坚贞不屈。1942 年 8 月 12 日夜，他与同监的抗联战士周明霄在大连刑务支所（岭前监狱）成功越狱，藏匿在老师刘桂林家中，其间曾 4 次化装出走，准备北上参加抗日联军，但因日本殖民当局在码头、车站和交通要道悬赏缉拿，再加上重伤在身，行动不变，未能成功。后因汉奸告密，不幸再次被捕。日本刽子手先是野蛮地打断他的双腿，使其不能站立，接着把他关押到旅顺刑务所（旅顺监狱），比前次逮捕时更加野蛮地摧残他。狱友见他"被折磨得光剩个骨架子，面如土色"。1942 年 12 月 9 日在旅顺监狱英勇就义，时年 29 岁。同时征集入藏的还有单珠 13 档木质算盘，是用于计算大连"抗日放火团"经费收支和研制定时发火装置药品配比及定时燃烧时间的工具。当드邹立升曾多次转移住所，但这只算盘始终跟随。

1947 年，根据中共中央指示，由华东局、东北局在苏联红军军管的大连建起了规模庞大的军工生产联合企业——大连建新工业公司，其生产的炮弹、迫击炮、火药等曾源源不断地运送到淮海前线等战场，多次受到党中央领导的表扬。大连博物馆收藏的大炮弹就是建新工业公司生产的。1949 年 1 月 10 日淮海战役胜利结束。华东野战军副司令员粟裕在总结胜利原因时满怀深情地评价："华东地区的解放，特别是淮海战役的胜利，离不开山东人民的小推车和大连生产的大炮弹。"

被誉为中国奥运第一人——刘长春参加第十届奥运会使用的皮箱被评为辽宁近代十大文物精品之一。刘长春 1909 年 11 月生于大连，他保持 100 米 10 秒 7 的全国纪录长达 25 年之久。1932 年，日本当局筹划派运动员代表伪“满洲国”参加第 10 届洛杉矶奥运会，企图通过体育比赛使伪政权合法化。刘长春毅然在《大公报》上发表声明：“良心尚在，热血尚流，岂能叛国，为人马牛！。”张学良将军听说后，先后出资 1600 美元，支持他代表中国参加奥运会。于是刘长春就带着这只皮箱踏上了茫茫的奥运征程。从上海出发，经过 25 个昼夜的海上颠簸，刘长春在抵达洛杉矶不到两天的时间里，完成了从开幕式到正式比赛的过程，由于旅途劳累，加上没有时间训练准备，因此未能进入决赛。不论成绩如何，刘长春毕竟是我国参加奥运会的第一人。他的参赛改写了中国没有参加世界体育大赛的屈辱历史，打开了中国进军奥林匹克竞技场的大门，具有划时代的意义。

清末旅顺口、大连湾海防建设文物也是大连博物馆征集的重点。两次鸦片战争的失败，使清朝统治者认识到海防建设的重要。鉴于旅顺口和大连湾在地理位置上具有拱卫京、津的战略地位，光绪元年（1875 年），清朝廷委派李鸿章筹办北洋水师，光绪六年（1880 年）修建旅顺军港，由此拉开近代海防建设的序幕。大连博物馆藏“同治丁卯年”（1867 年）铭文多箍铁炮即是清军镇守旅顺时使用的武器。

辽南皮影作品是大连博物馆重点征集和收藏的对象之一。近年来征集、收藏了近千件（套）皮影作品，上自清代，下至当代，形成了馆藏的特点。2006年作为辽南皮影戏代表的复州皮影戏，经国务院批准列入第一批国家级非物质文化遗产名录，2014 年又被列入联合国急需保护的非物质文化遗产名录。以复州皮影为代表的辽南皮影的作品是以驴皮为原料制作的，故又称“驴皮影”，具体可分为头茬、影身、砌末等。其中头茬分类最为细致，又可分为文武旦、文武生、文武官、元帅将官、女将帅、番官反将、神妖僧道和杂类等。辽南一带流行六七寸的戳子，即所谓中影，这种影人装饰性强，在造型上有一定的变化与发展，线条复杂，纹饰多变，注重通透效果，刀花斑斓，色彩鲜艳。头茬脸面从颜色上有白、黑、红、绿、黄等之别。白脸采用阳刻，镂空部位映在窗幕后即成白脸，表示这些人物端庄正派，另有一种称为“奸白脸”者，满脸横纹，示其奸诈邪恶，阴险毒辣；黑脸采用阴刻，表示正义无私、坚贞不阿；红脸表示忠义，还有一种称为肉脸的淡红脸，表示放荡不羁，油滑不规；绿脸表示凶顽猛烈，常用于强盗和妖怪；黄脸采用阴刻，直接借用皮色，为一般小人物或佛祖人物的脸色，昏死者也用此色。大连博物馆藏辽南皮影基本涵盖了上述形象。与此同时，还征集一批陕西、河南、云南的皮影。

大连博物馆藏影卷既有手写本，也有石印本。前者有《梅花亭》《忠节义》等，后者有《绣像五峰会》《说唱薛丁山鼓儿词》《绣像莲花盏》《绣像绿牡丹》《绣像青云剑影词》《平西册全传》《乾天剑全传》等。

大连工业历史悠久，有较雄厚的重工业基础和较完善的基础设施，至今保留着较多的近现代工业遗存。这些遗存已成为见证大连城市发展的不可再生的工业遗产，直观地反映了大连 100 多年来城市发展的历史进程。大连博物馆在对大连工业遗产进行全面的调研，提出大连工业遗产保护具体建议的基础上，加强了大连文化遗产文物的征集。征集的蒸汽机车是20世纪70年代初由大连机车车辆厂与唐山机车车辆厂联合设计，1973年4月唐山机车车辆厂制造。此前一直在大连金州重型机器有限公司使用。馆内专业人员几年中始终未放松对这辆蒸汽机车的跟踪，终于在2012年初征集入藏，成为博物馆藏品中体量最大、重量最重的“超级藏品”。蒸汽机车车身长21.5米，时速为80千米/小时，属于“上游”型系列，专用于工矿企业以及调车、小运转作业而设计的机车型号，也是中国工矿用蒸汽机车中数量最多、应用时间最长的一种。1999年最后一台蒸汽机车出厂后，该类型车停产，其间共制造了1769辆。如今，陈列在大连博物馆门前广场的蒸汽机车已成为大连市的一处重要文化景观。

大连博物馆先后征集到大化集团有限责任公司的3台压缩机，每台背后都有一段故事。大化集团有限责任公司前身是大连化工厂（简称“大化”），1933年5月建立，时称“满洲化学工业株式会社”。1945年日本投降后，该厂由苏军接管。1946年，根据党中央指示，东北局等派人到厂考察并筹备恢复生产。1947年改名为“大连化学厂”，成为中国共产党领导下的第一个大型兵工生产联合企业——建新工业公司的下属企业。建国以后，大化创下了19项全国化工行业之最。因此，大化被誉为“中国化学工业摇篮”。2005年，大化集团有限责任公司整体搬迁，2012年，大化集团先将两台已退出使用的大型往复式空气压缩机捐献给大连博物馆。这两台大型往复式压缩机，分别由德国1930年制造和日本神户制钢所株式会社1934年制造。2016年，大连博物馆又将大化人于1955年自己设计制造的中国第一台2400马力大型氮气压缩机征集入藏，并在国际博物馆日当天安放到门前广场，至此，3台压缩机和“上游”型蒸汽机车分别坐落在广场东西两侧，成为大连工业的见证。

近代大连饱经沧桑，曾经历了甲午、甲辰两次战争，经历了俄、日47年的殖民统治，大连遗留的俄国“1899”刻石、日本“关东都督府陆军部”铁罐、“关东军司令部”瓷盘和南满洲铁道株式会社机器及标牌等，见证了这段历史。

清末以来地方书画家的作品和织绣是大连博物馆藏品的特色之一。包括马家窑文化彩陶和辽代鸡冠壶、三彩盘等在内的一批古代文物，为馆藏增色许多。

由于大连自1905年沦为日本的殖民统治，一部分日本绘画等流传到这里，故而大连博物馆还藏有一批近代日本绘画。

大连博物馆是一座年轻的博物馆。如今的大连博物馆已成为人们了解近代大连城市历史的窗口、文化艺术的殿堂，正在以崭新的面貌、一流的服务，迎接海内外朋友的到来。

姜　晔

（作者为大连博物馆馆长 研究馆员）

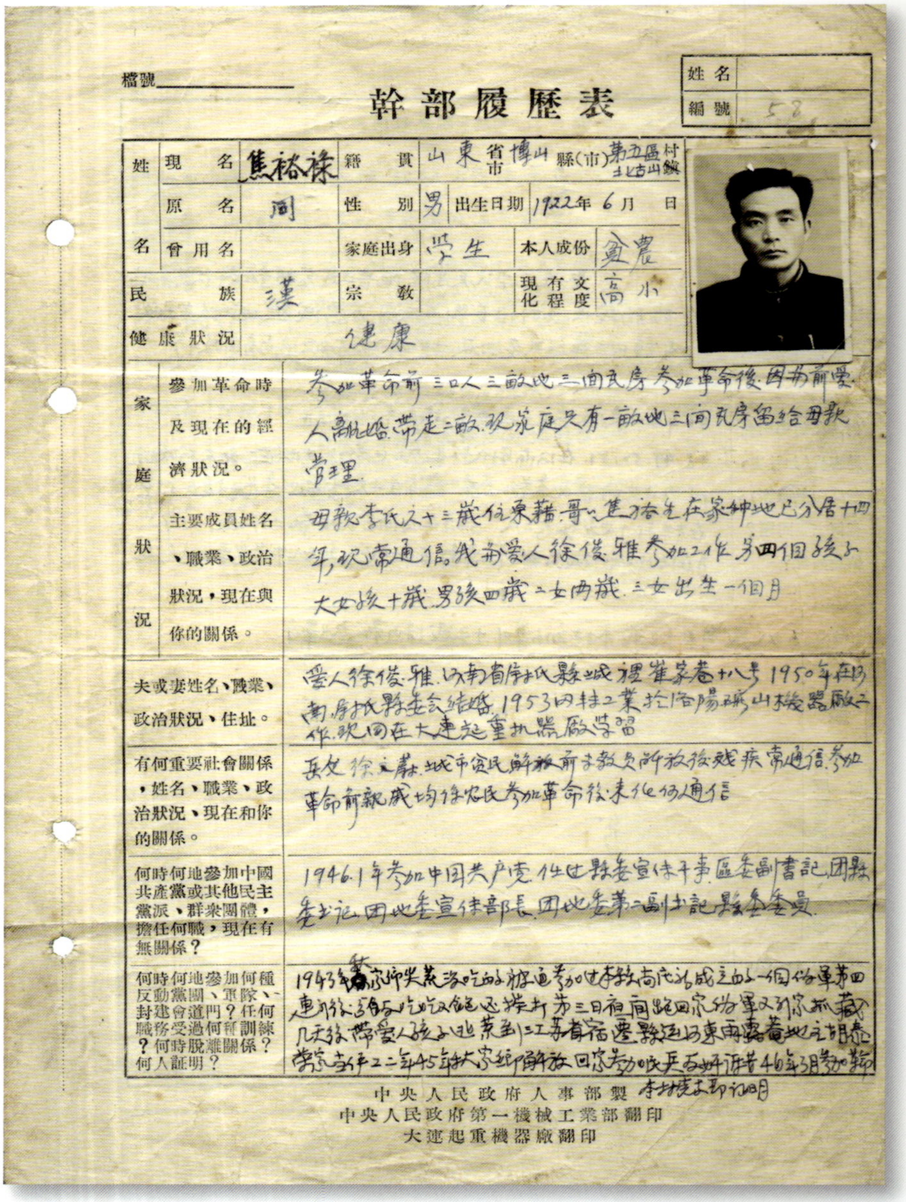

檔號

幹部履歷表

姓名	
編號	58

姓名	現名	焦裕祿	籍貫	山東省博山縣(市)第五區北古山鎮村		
	原名	祠	性別	男	出生日期	1922年6月 日
	曾用名		家庭出身	学生	本人成份	貧農
民族		漢	宗教		現有文化程度	高小
健康狀況		健康				

家庭狀況	參加革命時及現在的經濟狀況。	參加革命前三口人三畝地三間瓦房參加革命後因为前妻人離婚帶走二畝現家庭只有一畝地三間瓦房留給母親管理
	主要成員姓名、職業、政治狀況，現在與你的關係。	母親李氏七十三歲住原籍哥哥焦裕生在家种地已分居十四年現常通信我和愛人徐俊雅参加工作另四個孩子大女孩十歲男孩四歲二女兩歲三女出生一個月
夫或妻姓名、職業、政治狀況、住址。		愛人徐俊雅河南省尉氏縣城裡崔家巷十八号1950年在河南尉氏縣委結婚1953同轉工業於洛陽礦山機器廠工作現同在大連起重機器廠学習
有何重要社會關係，姓名、職業、政治狀況、現在和你的關係。		岳父徐之彝地下党員解放前去世
何時何地參加中國共產黨或其他民主黨派、群衆團體，擔任何職，現在有無關係？		1946.1年参加中国共产党任过縣委宣傳干事區委副書記團縣委書記團地委宣傳部長團地委第二副書記縣委委員
何時何地參加何種反動黨團、軍隊、封建會道門？任何職務受過何種訓練？何時脫離關係？何人証明？		1943年…

中央人民政府人事部製

中央人民政府第一機械工業部翻印

大連起重機器廠翻印

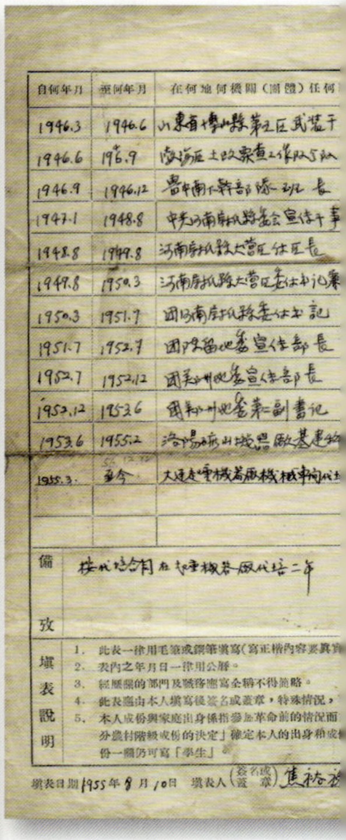

自何年月	至何年月	在何地何機關(團體)任何
1946.3	1946.6	山東省博山縣第五区武装干
1946.6	1946.9	…
1946.9	1946.12	…
1947.1	1948.8	…
1948.8	1949.8	…
1949.8	1950.3	…
1950.3	1951.7	…
1951.7	1952.7	…
1952.7	1952.12	…
1952.12	1953.6	…
1953.6	1955.2	洛陽礦山機器廠…
1955.3	至今	大連起重機器廠…

備考

填表說明
1. 此表一律用毛筆或鋼筆填寫
2. 表內之年月日一律用公曆。
3. 已經擔的部門及號碼填寫全稱不得簡略。
4. 此表應由本人填寫後簽名或蓋章，特殊情況，
5. 本人成份與家庭出身係指參加革命前的情況…
份一欄仍可寫「學生」

填表日期1955年8月10日 填表人 焦裕祿

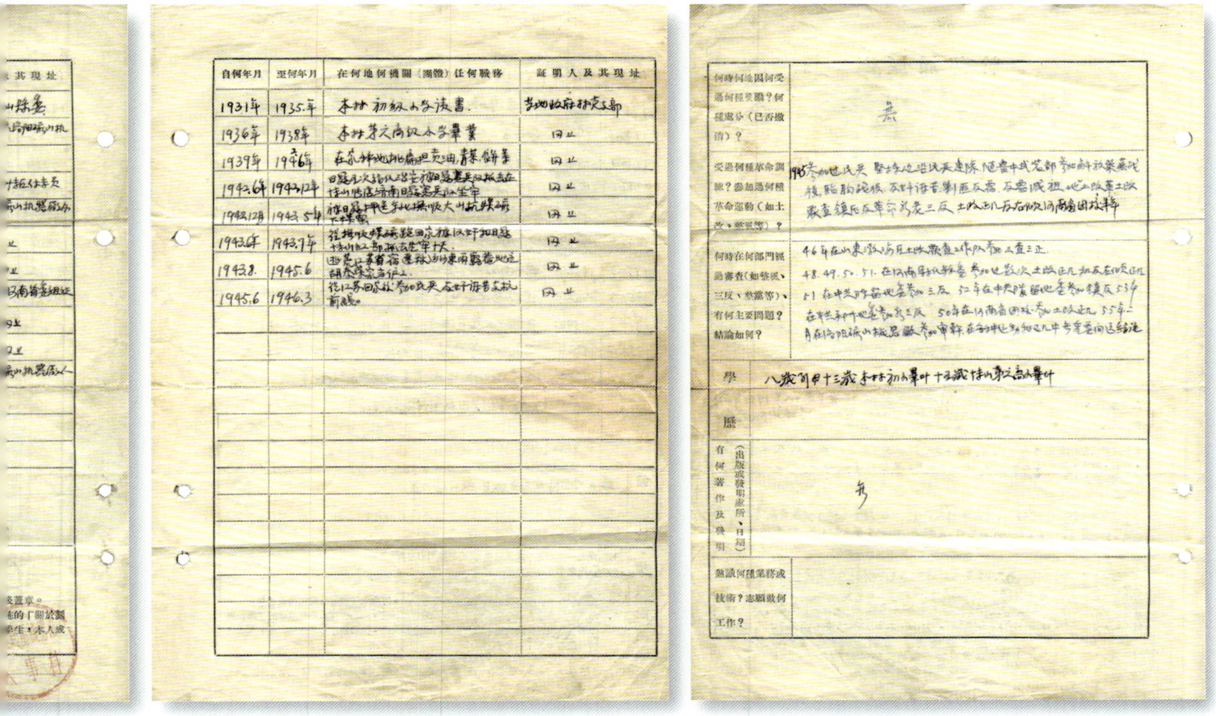

自何年月	至何年月	在何地何機關（團體）任何職務	証明人及其現址
1931年	1935年	[illegible]	[illegible]
1936年	1938年	[illegible]	同上
1939年	1942年	[illegible]	同上
1942.6年	1942.12年	[illegible]	同上
1942.12月	1943.5年	[illegible]	同上
1943.6年	1943.7年	[illegible]	同上
1943.8.	1945.6	[illegible]	同上
1945.6	1946.3	[illegible]	同上

何時何地因何受過何種獎勵？何種處分（已否撤消）？	無
受過何種革命訓練？參加過何種革命運動（如土改、整黨等）？	[illegible]
何時在何部門經過審查（如整風、三反、整黨等）、有何主要問題？結論如何？	[illegible]
學歷	[illegible]
有何著作及發明（出版或發表所、日期）	無
無論何種業務或技術？志願做何工作？	

001 **焦裕禄干部履历表**

1955 年
纵 22.6 厘米，横 19.2 厘米
纸质，钢笔填写

正、背共 4 页，为焦裕禄在大连起重机器厂实习期间亲笔填写，并贴有本人照片，记录了焦裕禄个人和家庭情况、工作经历等信息。焦裕禄在大连起重机器厂工作了 630 天，他肯于钻研业务、关心群众疾苦、密切联系群众的工作作风，给干部职工留下非常深刻的印象，可以说，大连和兰考一样都是焦裕禄精神的发祥地。

002 邹立升用白釉瓷钵

20 世纪 30 年代
高 7.5 厘米，口径 17.4 厘米，足径 10 厘米
瓷质

直口，短流，浅腹，圈足，器表和口内壁施白釉，内壁和圈足未挂釉，内壁泛黑，为国际情报组大连地区负责人邹立升研制烧毁日军军用物资定时发火火药的器具。国际情报组在大连地区烧毁日军军事物资的斗争，沉重地打击了敌人的嚣张气焰，谱写了一曲中华民族不屈不挠反抗外来侵略的壮歌。

003 邹立升用算盘

20 世纪 30 年代
纵 6.1 厘米，横 17 厘米
木质

上栏单珠式，为邹立升研制定时发火火药计算配比和组织经费收支的用具。

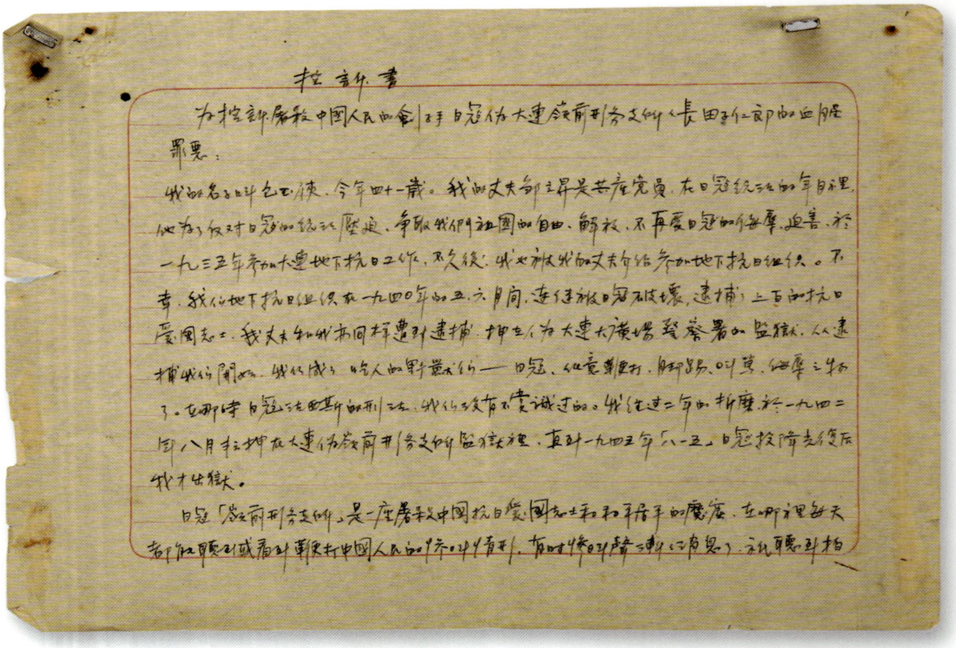

控诉书

为控诉屠杀中国人民的刽子手日寇伪大连嶺前刑务支所所长田子仁郎的血腥罪恶：

我的名字叫包玉侠，今年四十一岁。我的丈夫邹立升是共产党员，在日寇统治的年月里，他为了反对日寇的统治压迫，争取我们祖国的自由、解放，不再受日寇的侮辱、迫害，於一九三五年参加大连地下抗日工作，不久後，我也被我的丈夫介绍参加地下抗日组织。不幸，我们地下抗日组织在一九四0年的五、六月间，连续被日寇破坏，逮捕了上百的抗日爱国志士。我丈夫和我也同样遭到逮捕，押在伪大连大广场警察署的监狱。从逮捕我们开始，我们成了吃人的野兽们——日寇、任意鞭打，脚踢、叫骂、侮辱之物了。在那时日寇法西斯的刑法，我们没有不尝试过的。我经过二年的折磨，於一九四二年八月被押在大连伪嶺前刑务支所监狱里，直到一九四五年「八一五」日寇投降之後后我才出狱。

日寇「嶺前刑务支所」是一座屠杀中国抗日爱国志士和和平居民的魔窟，在那里每天都能听到或看到鞭打中国人民的惨叫呻吟，有时候听到声嘶力竭的哭泣声了，就听到拍

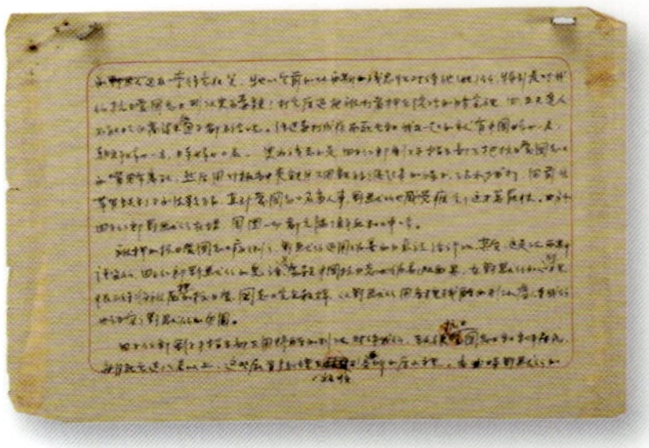

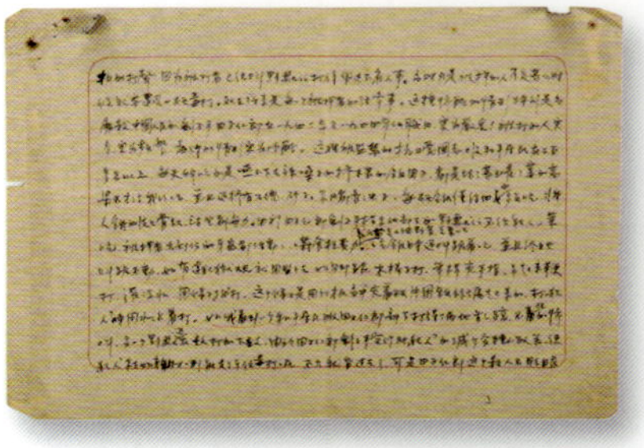

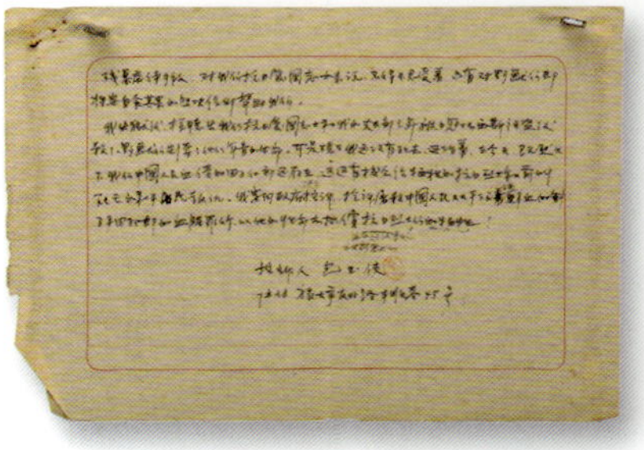

004 | 包玉侠控诉书

1952 年

纵 18.3 厘米，横 26.8 厘米

纸质，钢笔书写

共 4 页，手写，横排，末页有包玉侠姓名，其上钤“包玉侠”印，为国际情报组大连地区负责人邹立升之妻包玉侠的血泪控诉。

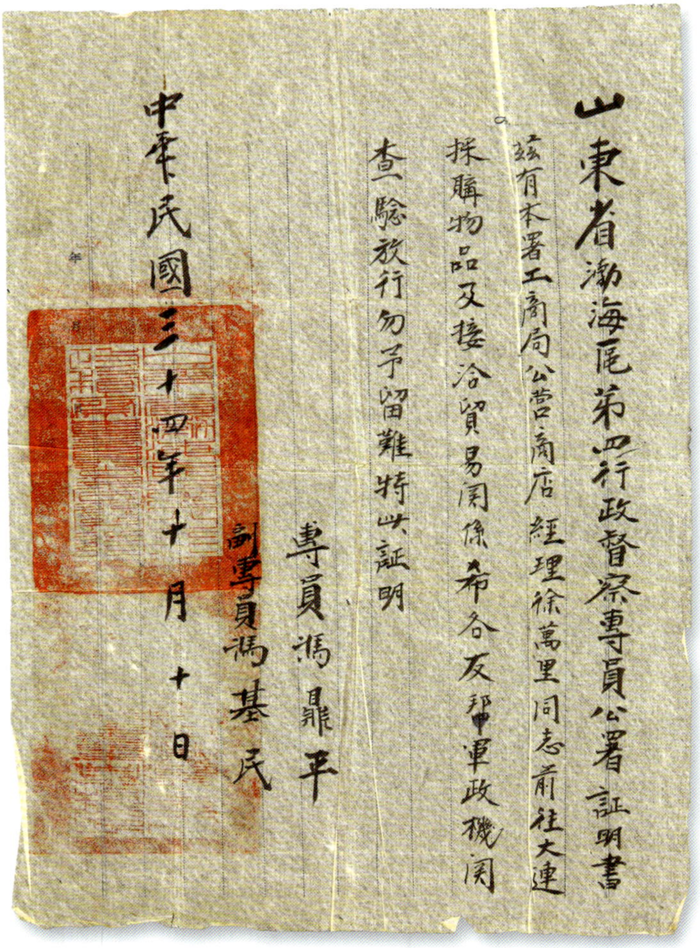
山東省渤海區第四行政督察專員公署證明書
茲有本署工商局公營商店經理徐萬里同志前往大連
採購物品及接洽貿易關係希各友邦軍政機關
查驗放行勿予留難特此證明
專員馮鼎平
副專員馮基民
中華民國三十四年十月十日

005 **徐万里前往大连采购物品证明书**

1945 年 10 月 10 日
纵 25 厘米，横 18 厘米
纸质，手写

纵排，首题“山东省渤海区第四行政督查专员公署证明书”，左书“兹有本署工商局公营商店经理徐万里同志前往大连采购物品及接洽贸易关系，希各友邦军政机关查验放行，勿欲留难。特此证明”。“专员冯鼎平　副专员冯基民”，署“中华民国三十四年十月十日”，钤“山东省渤海区第四行政督查专员公署”长方形朱文章。此证明书是山东解放前到特殊解放区大连的通行证。

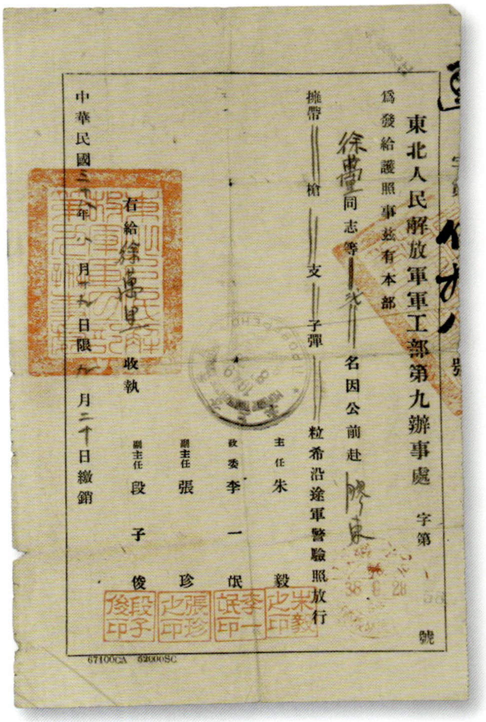

東北人民解放軍軍工部第九辦事處 字第 號
為發給護照事茲有本部 徐萬里 同志等 名因公前赴 膠東
攜帶 槍 支 子彈 粒希沿途軍警驗照放行
主任 朱 毅
政委 李 一氓
副主任 張 珍
副主任 段 子 俊
右給 徐萬里 收執
中華民國三十八年八月十九日限八月二十日繳銷
67100CA 62000SC

006 徐万里前往胶东护照

1949 年 8 月 19 日
纵 24.9 厘米，横 15.7 厘米
纸质，印刷、毛笔填写

纵排，填写姓名、前往地名等，首印“东北人民解放军军工部第九办事处 字第 号”，左印“发给护照事，兹有本部 徐万里（徐万里三字填写）同志等式（空白）名因公前往胶东，携带（空白）枪（空白）支（空白）子弹（空白）粒，希沿途军警验照放行”。“主任朱毅 政委李一氓 副主任张珍 副主任段子俊”，其姓名下分别钤“朱毅之印”“李一氓印”“张珍之印”“段子俊印”朱文印，“右给徐万里（徐万里三字填写）收执”，“中华民国三十八年八月十九日限八月二十日缴销”，钤“东北人民解放军军工部第九办事处”长方形朱文章，护照骑缝钤半章，另有“XX 公安局”圆形蓝色章。此护照空白处均用毛笔涂封。

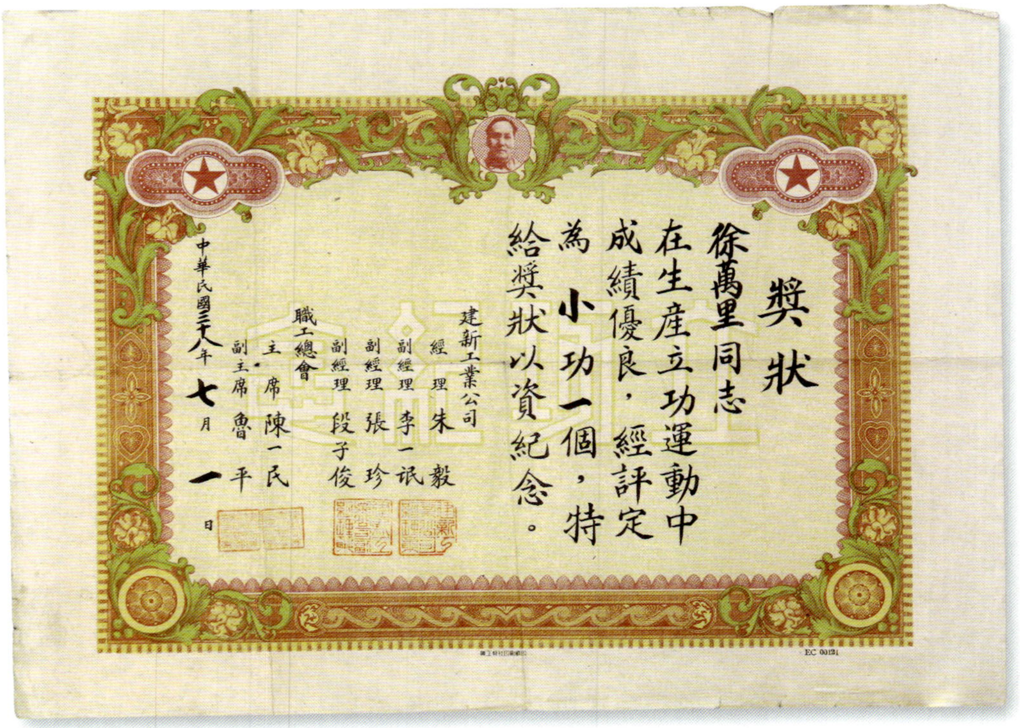

007

徐万里立功奖状

1949 年 7 月 1 日
纵 26.1 厘米，横 35.6 厘米
纸质，彩色印刷，毛笔填写

纵排，填写姓名、立功级别和数量、年月日等。奖状边栏上部中央印有毛泽东主席头像，两侧印有五角星图案，边栏下部两侧印有圆形花卉图案，四周环以牡丹花卉图案。边栏内印有“奖状　徐万里（填写）同志　在生产立功运动中成绩优良，经评定为小（填写）功一（填写）个，特给奖状以资纪念。建新工业公司经理朱毅　副经理李一⿰讠民　副经理张珍　副经理段子俊　职工总会　主席陈一民　副主席鲁平”，其姓名下分别钤“建新工业公司经理章”“建新工业公司副经理章”“建新工业公司职工总会主席章”　“建新工业公司职工总会副主席章”方形朱文章。

建新工业公司是根据中共中央的指示，由华东局、东北局于 1947 年在大连联合组建的大型军工企业，其所生产的大炮弹等有力地支援了解放战争各个战场。

008 大连大众书店初版《毛泽东选集》精装本

1946 年
纵 18 厘米，横 13 厘米
封面布质，内文纸质，印刷

32 开本，红色布质封面精装，其上烫金印“毛泽东选集”仿宋体书名，下端印“大连大众书店印行”，扉页印毛泽东正面像。1946 年 2 月，受党组织的委托，著名作家柳青从解放区来到大连，担任大众书店总编辑，亲自主持编辑东北第一部《毛泽东选集》，同年 8 月出版精装合订本。

精装本《毛泽东选集》出版后，大众书店还专门派人将书、钢笔和怀表等礼物赠送给远在延安的毛泽东。1947 年 11 月 23 日，毛泽东给大众书店回信，全文如下：“大连大众书店、大众书店同人自治会、大众印刷厂全体职工同志们：你们送来的书及钢笔、表均收到，谢谢你们的好意。并致同志的敬礼！”

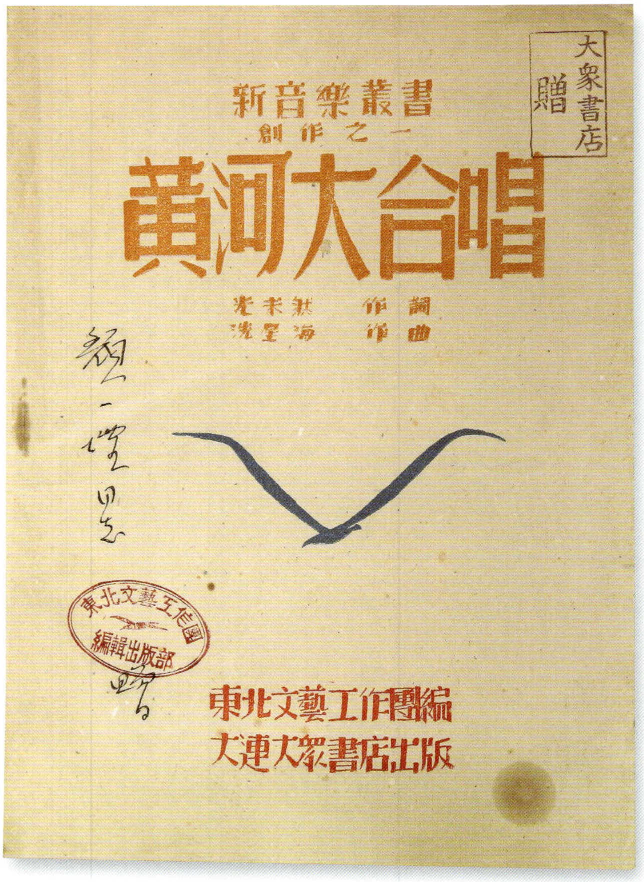

009 《黄河大合唱》手册

1946 年
纵 22 厘米，横 17 厘米
纸质，印刷

32 开，简装，封面套色印刷，其上印“新音乐丛书 创作之一 黄河大合唱 光未然作词 冼星海作曲 东北文艺工作团编 大连大众书店出版”。加盖“东北文艺工作团编辑出版部”椭圆形章。东北文艺工作团《黄河大合唱》在大连演出 10 场，引起了轰动效应。

大連中蘇友好協會主辦

東北文藝工作團旅連公演

四幕話劇

日出

編劇 曹禺

導演 沙蒙

日 期：四月十四日至二十日每日下午（快鐘）一點

地 址：本市連鎖街上友好電影院

010 **四幕话剧《日出》宣传单**

1946 年 4 月

纵 18 厘米，横 12 厘米

纸质，印刷

单页，套印红字“大连中苏友好协会主办 东北文艺工作团旅连公演 四幕话剧日出 编剧曹禺 导演沙蒙”“演出日期：四月十四日至二十日每日下午（快钟）一点 地址：本市连锁街上友好电影院”。东北文艺工作团《日出》在大连演出 10 场。

011

《日出》剧本

1946 年
纵 24 厘米，横 18 厘米
纸质，刻版油印

黑色封面，贴有白色纸条，书名“NO.4 剧本 日出”。为 1946 年东北文艺工作团旅连公演话剧《日出》剧本。

012 大连建新工业公司生产的 124 式 75 毫米炮弹

1947 ~ 1949
通高 90 厘米，底帽直径 10 厘米
铜与碳素锰钢质，铸造

炮弹由铜弹壳和碳素锰钢弹头组成，是大连建新工业公司在 20 世纪 40 年代生产的炮弹种类之一，称为 124 式 75 毫米炮弹。在解放战争特别是淮海战役中发挥了重要作用。

013 苏军壹佰圆加帖券

1945 年
纵 9.3 厘米，横 17 厘米
纸质，彩色套印

苏军券是在特殊历史背景下，以苏联红军司令部名义在中国东北及旅大地区发行的钞票，1945 年 10 月 22 日发行。1946 年 8 月 7 日，我东北行政委员会停用苏军壹佰元券。1947 年 5 月 17 日，我关东公署发出布告，决定对苏军壹佰圆券、拾圆券加盖印记，即加帖。此券就是在原苏军壹佰圆券券面加帖，其目的是为防止东北各地已停止流通的苏联红军票流入旅大地区，也为防止国民党统治区利用仅旅大地区尚在使用的苏军券冲击旅大地区的金融市场，稳定人民生活。此券加帖在券面壹佰元右侧，使用反差较大的绿色，十分明显。

014 **苏联红海军军旗**

20 世纪 40 ~ 50 年代
纵 133 厘米，横 282.5 厘米
麻布质，印制

苏联红海军军旗为上蓝下白，蓝色约占 1/5, 上部白色部分印有红色镰刀、锤子和五角星图案。此为苏军在旅大驻军期间所使用的海军军旗。

015 **中苏友好万岁旗**

1952 年
纵 98.5 厘米，横 135.5 厘米
绸缎质，刺绣

红色，上、下、右三面是金色流苏，中间是苏联国徽第三版图案，其上是俄文“全世界无产者联合起来”，左侧穿旗杆处绣有“中苏友好万岁 一九五二”字样。

016 **慰问驻旅顺口苏军晚会节目单**

1955 年
纵 31.8 厘米，宽 19.3 厘米
纸质，彩色印刷

上部印有中苏友谊徽，中间印有中文“慰问晚会”和对应俄文，其下印有“中华人民共和国慰问驻旅顺口地区苏军代表团主办”和对应俄文，最下印有“1955 年”。

聘請書 第一三五號

為完成旅大二年經建計劃發展生產改善民生發展文化培養幹部的總方針本區成立民校多處掀起識字運動的熱潮素聞

先生熱心為人民服務特聘請您在業餘時間參加義務教學共同研究教學的業務將識字運動更好的開展與鞏固起來

此致

姜軒羲先生

寺兒溝區識字運動委員會
主任委員 呂廣新
副主任委員 薛殿會
副主任委員 邢炳彩

中華民國三十八年五月廿五日

017 姜轩羲识字运动聘请书

1949 年
纵 21.9 厘米，横 30.8 厘米
纸质，印刷

聘请书上方正中印有红五星，两边是中国共产党党旗，边栏四角是打开的书卷，分别印有“发展生产”“发展文化”“改善民生”“培养干部”。地纹是“聘请书”双钩体红字。内容为“聘请书 第一三五号 为完成旅大二年经建计划，发展生产、改善民生、发展文化、培养干部的总方针，本区成立民校多处，掀起认字运动的热潮，素闻先生热心为人民服务，特聘请您在业余时间参加义务教学，共同研究教学的业务，将认字运动更好的开展与巩固起来。此致！”署“寺儿沟区认字运动委员会主任委员吕广新，副主任委员薛殿会、副主任委员邢炳彩。中华民国三十八年五月廿五日”；钤“寺儿沟区认字运动委员会之印”“寺儿沟区认字运动委员会主任委员之印”和两方“寺儿沟区认字运动委员会副主任委员之印”朱文印。

被聘者“姜轩羲先生”和“一三五”以毛笔填写。

中华民国三十八年即 1949 年。

018 **曲桂花识字运动毕业证书**

1951 年
纵 21 厘米，横 30 厘米
纸质，印刷

毕业证书上方为红五星，两边是中国中华人民共和国国旗，印有毛泽东主席头像和他在 1949 年 9 月 21 日中国人民政治协商会议第一届全体会议上发表的《中国人民站起来了》开幕词的一段："随着经济建设的高潮的到来，不可避免地将要出现一个文化建设的高潮。中国人被人认为不文明的时代已经过去了，我们将以一个具有高度文化的民族出现于世界"。毕业证书内容为"毕业证书 曲桂花同志在认字运动中，参加沙河口区中山公园坊学习，目前已经认到壹仟个汉字，考试及格，准许毕业"；署"旅大识字委员会 一九五一年四月十日"。其中"曲桂花""沙河口区中山公园坊"和"一九五一""四""十"由毛笔填写。

019

“抗美援朝”皮箱

20 世纪 50 年代
长 79 厘米，宽 45 厘米，高 20 厘米
皮质

皮箱外覆褐色牛皮，箱体皮质脆裂，多处破损。上有四个银色金属字“抗美援朝”。此皮箱为参加抗美援朝军官特制。

走进大连博物馆
领略大连城市历史文化的独特魅力

020 **大连化学厂自行设计制造的氮气压缩机**

1955 年
长 1150 厘米，宽 550 厘米，通高 455 厘米
铁质

该压缩机为大连化学厂自己设计制造的我国第一台 2400 马力大型氮气压缩机。2016 年由大连博物馆征集入藏。

021 “上游”型蒸汽机车

1974 年
长 2160 厘米，宽 330 厘米，通高 420 厘米
铁质

该机车系 20 世纪 70 年代由大连机车车辆厂与唐山机车车辆厂联合设计，1973 年 4 月唐山机车车辆厂制造，编号 0652。装煤量 11.5 千千克，装水量为 25 千千克，时速为 80 千米 / 小时，属于“上游”型系列，专用于工矿企业以及调车、小运转作业而设计的机车型号，也是中国工矿用蒸汽机车中数量最多、应用时间最长的一种。随着 1999 年最后一台蒸汽机车出厂后，该类型车停产，其间共制造了 1769 辆。2012 年初由大连博物馆征集入藏。

上游0652

交通部唐山机车车辆工厂
1973年4月制

SY0652

022 “同治丁卯年”款铁炮

1867 年
长 77.5 厘米，口径 8 厘米
铁质

前装铸铁炮，炮口较炮尾略细，炮身有四道固箍，尾箍前端药室有放置药捻用的圆孔，其前铸有铭文“同治丁卯年海郑人□□固 将”字样。该炮出土于大连市旅顺口区，为清军使用的火炮。

同治丁卯年即公元 1867 年。

023 **佩　刀**

清（1644 ~ 1911）
通长 96 厘米，最宽 3 厘米
铁、铜复合

为清军军官佩刀，由刀和鞘组成。刀为雁翎刀型，刀身狭长，近尖处起脊小反刃。木质刀鞘，髹以黑漆。刀镡及刀柄铜装具上錾刻云纹。

024 **手　铳**

清（1644 ~ 1911）
长 47 厘米，口径 1.5 厘米
铁、木复合

由铁质铳管、望山、扳机和木质铳体、弯状铳托组成。是清军使用的以燧石撞击发火引燃火药的枪械，即燧发枪。这种击发方式提高了发火率和射击精度，使用方便，而且成本较低，便于大量生产。

025 刘长春参加第十届奥运会使用的皮箱

1932 年
长 50 厘米，宽 46 厘米，高 15 厘米
皮质

褐色牛皮外层，内部以厚纸板镶贴，土黄色帆布衬里，提梁、锁扣缺失，箱体皮质脆裂，多处破损，箱盖外残留进出美国海关签证标签、标识。

此皮箱为 1932 年刘长春代表中国参加在美国洛杉矶举行的第十届奥运会时使用的皮箱。刘长春是第一位正式参加奥运会的中国运动员。

026 **俄国宫廷酒瓶**

1905 年
高 35.5 厘米
玻璃质

小口，叠唇，细颈，长方体，斜直腹，凹底。腹壁一面凸印四幅沙俄双头鹰国徽，其下分别凸印“1877”“1882”“1886”“1896”四个年份；另一面凸印俄文，意即俄国皇家御用宫廷酒。通体蓝色。

1904 年日、俄双方在旅顺口进行了激烈的争夺。1905 年 1 月 1 日，日军占领了俄军在旅顺口外围最后一处炮台——望台炮台，俄军投降，旅顺口外围争夺战结束。1 月 5 日，日、俄双方军酋在水师营举行会见，俄国关东军区司令斯特塞尔向日本军官赠送了俄国皇家御用宫廷酒。此为盛装俄国皇家御用宫廷酒酒瓶。

027 俄国军用铁锅

1904 年
高 27.7 厘米，口径 36.2 厘米
铁质

筒状，口略侈，腹略弧，平底。腹部有徽记。

028 俄国铜茶炉

20 世纪初
通高 64 厘米
铜质

茶炉由盖、身和底座三部分组成。盖上部有容茶叶的空心直筒高足杯，下部铆接对称捉手；炉身直筒状，模压巴黎万国博览会获奖标识，腹中部有可旋转 180 度木柄提手，腹下有旋钮出水龙头；腹身接方形底座，座下为外突变形蹄足。

029 俄国旅顺兵营刻石

1899 年
直径 40 厘米，厚 11 厘米
石质

圆形，雕有阳文阿拉伯数字“1899”。

该刻石原镶嵌在旅顺俄军营房建筑上。1898 年 3 月 27 日，俄国强租旅顺口和大连湾，旅顺口成为俄国太平洋分舰队的基地，数万名俄国官兵驻扎在此，这块刻石是镶嵌在俄军 1899 年落成的营房建筑上的纪念物。

030 俄国海军舰炮

19 世纪 90 年代
通长 299 厘米，口径 7.5 厘米
铁质

该炮是俄国奥布霍夫兵工厂制造的 75 毫米舰炮，系 1904 年日俄战争时俄军所弃。

在 1904 年日俄战争中，俄军太平洋分舰队军舰被日本联合舰队封锁在旅顺港内，俄军被迫把军舰上的部分火炮拆除，沉入水下。2002 年于大连市旅顺口区盐滩发现。

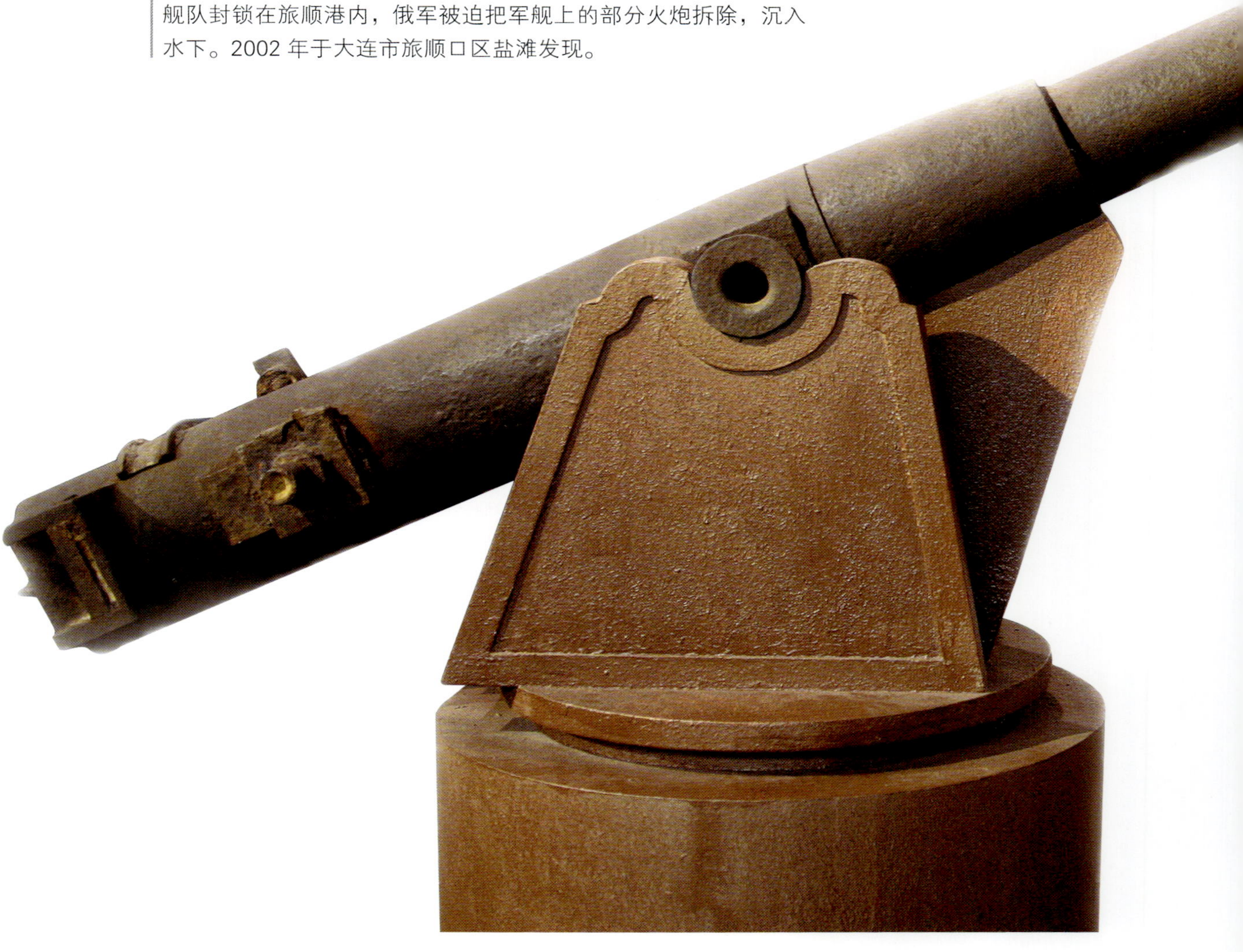

031 日本“关东都督府陆军部”款铁罐

1906 ~ 1919
高 9.5 厘米，口径 11 厘米，底径 9.5 厘米
铁质

敛口，腹略折，最大腹径靠下部，平底。口下铸有 16 颗五角星，腹部铸有“关东都督府陆军部”铭文。五角星后来成为日本关东军军徽。

日本关东都督府于 1906 年 9 月 1 日于旅顺成立，下设陆军和民政两部，陆军部统率派驻在东北各地的日本军队。1919 年 4 月 12 日日本天皇发布敕令，对关东都督府实行军政分治，陆军部改为关东军。

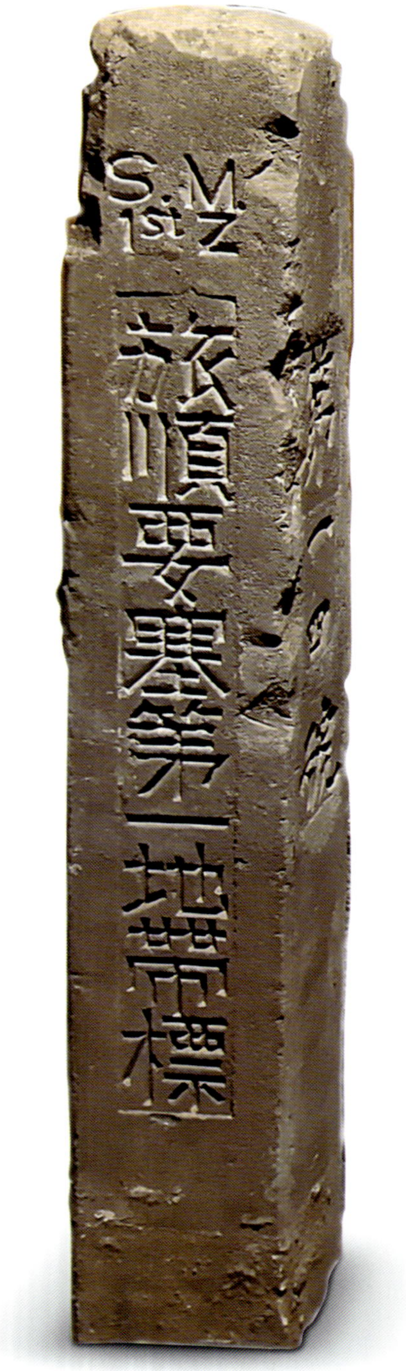

032 **旅顺要塞第一地带标**

1908 年
高 150 厘米，边长 20 厘米
混凝土质

此为旅顺第一地带标背面。正方柱状体混凝土预制件，正面模印“SMISTZ 旅顺要塞第一地带标”，背面模印“陆军省”，左侧面模印“明治四十一年四月一日”，右侧面模印“第一四号”。

日本关东都督府于 1908 年 4 月 1 日于旅顺、大连周边分别树立有“旅顺要塞第一地带标”“旅顺要塞第二地带标”“旅顺要塞第三地带标”，实际上设置了三层军事禁区，规定未经旅顺要塞司令官许可，严禁对要塞地带内的地形以及防御营造物进行测量、摄影、描绘、模造或记录等。

033 旅顺要塞第一地带标

1908 年
高 150 厘米，边长 20 厘米
混凝土质

正方柱状体混凝土预制件，正面模印“SMISTZ 旅顺要塞第一地带标”，背面模印“明治四十一年四月 关东都督府”，右侧面模印“第四五号”。

034 **旅顺要塞第二地带标**

1908 年
高 185 厘米，边长 25 厘米
混凝土质

正方柱状体混凝土预制件，正面模印“旅顺要塞第二地带标”，背面模印“关东都督府”，左侧面模印“明治四十一年四月一日”，右侧面模印“第开档号”。

035

日本“关东军司令部”款瓷盘

1919 ~ 1945
纵 28 厘米，横 18.2 厘米
瓷质

平面呈不规则长方形，盘内和背面模印有树木花纹，长方形足，足内有两个日文片假名，通体施橘黄色釉，足内“关东军 司令部”款分两排排列。

036

日本“关东军司令部”款瓷盘

1919 ~ 1945
纵 22 厘米，横 17 厘米

瓷质

平面呈簸箕形，盘内模印有编织纹，不规则形足，通体施橘黄色釉，足内有一凸起“十”字和两个日文片假名，“关东军 司令部”款分两排排列。

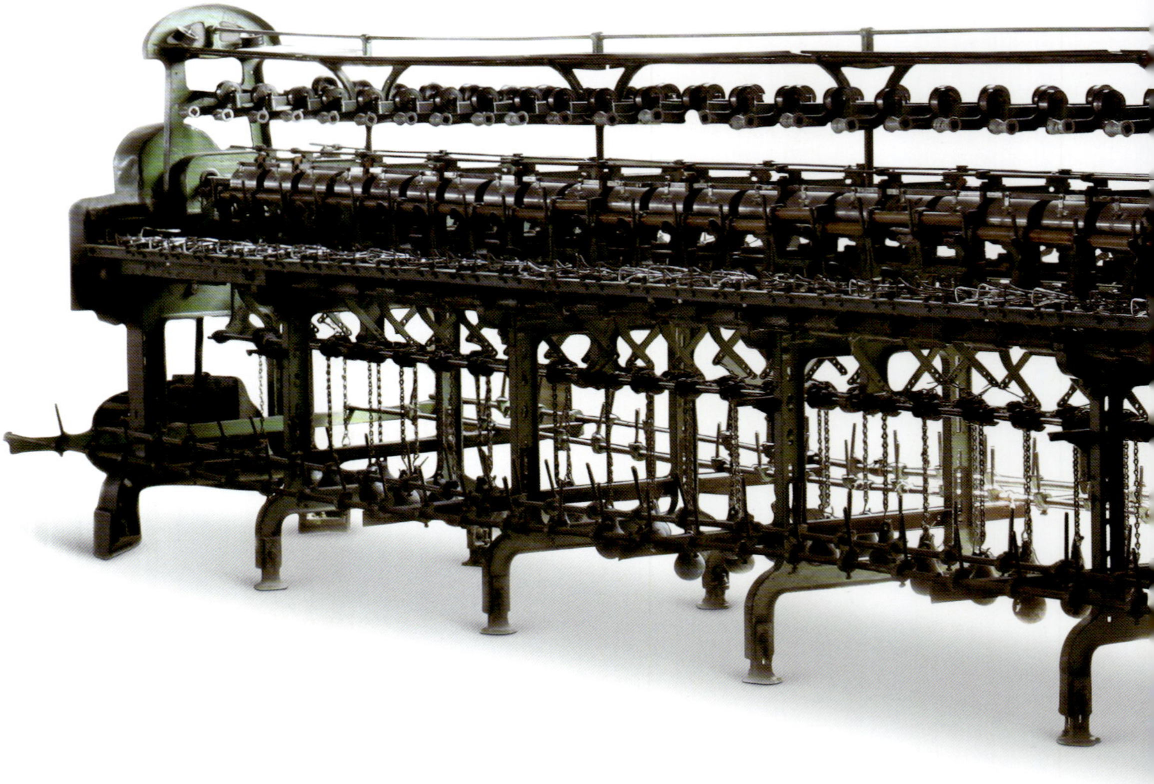

037 日本内外棉株式会社金州工场并纱机

20 世纪 20 年代
长 690 厘米，宽 621 厘米，通高 147 厘米
铁质

内外棉株式会社是日本最具代表性的纺织企业。诞生于 1887 年，起初经营日本、中国等国出产的棉花，1903 年以后进入纺织业，1910 年前后开始在中国设厂生产。1921 年开始建设内外棉株式会社金州工场。这台并纱机系日本株式会社丰田自动织机制作所生产，日本内外棉株式会社金州工场使用。1945 年大连光复后，日本内外棉株式会社金州工场改称金州纺织厂。

TOYODA'S LOOM WORKS, LTD.
TOYODA'S LOOM WORKS LTD.

038 日本“满铁”沙河口工场钻孔机

20 世纪 30 年代
长 132 厘米，宽 77 厘米，通高 210 厘米
铁质

该钻孔机系日本平尾铁工所生产，为自动注油总齿车式钻孔机，日本南满洲铁道株式会社（以下简称“满铁”）沙河口工场使用。1945 年大连光复后，满铁沙河口工场改称大连机车车辆厂。

039

日本“满铁”沙河口工场磨床

20 世纪 30 年代
长 110 厘米，宽 127 厘米，通高 165 厘米
铁质

该磨床系日本合名会社菊川铁工所生产，满铁沙河口工场使用。1945 年大连光复后，满铁沙河口工场改称大连机车车辆厂。

040 德国克虏伯制造的往复式压缩机

20 世纪 30 年代
长 1060 厘米，宽 550 厘米，通高 455 厘米
铁质

该压缩机系德国克虏伯制造，日本满洲化学工业株式会社使用。1945 年大连光复后，满洲化学工业株式会社改称大连化学厂、大连化工厂、大化集团有限责任公司。2012 年大化集团有限责任公司将该压缩机捐赠给大连博物馆。

041 **日本神户制钢所制造的往复式压缩机**

20 世纪 30 年代
长 870 厘米，宽 430 厘米，高 435 厘米
铁质

该压缩机系日本神户制钢所株式会社 1934 年制造，日本满洲化学工业株式会社使用。1945 年大连光复后，满洲化学工业株式会社改称大连化学厂、大连化工厂、大化集团有限责任公司。2012 年大化集团有限责任公司将该压缩机捐赠给大连博物馆。

042 “亚细亚”号特快列车梳妆台

20 世纪 30 ~ 40 年代
长 78.9 厘米，宽 32.1 厘米，通高 43.2 厘米
木、玻璃

由三屉一柜木制台面和上方菱形玻璃镜组成。玻璃上方为“满铁”标志和 1934 年制造的亚细亚号特快列车，镜子下方有“乘车 亚细亚号 特别急行”字样。

亚细亚号是日本“满铁”所属的著名列车。由日本川崎重工株式会社车辆厂制造、满铁沙河口工场组装，1934 年至 1943 年运营于南满铁路新京（今长春）至大连区间，1935 年 9 月 1 日运营区间向北延伸至哈尔滨。1934 年 3 月 1 日亚细亚号首次运行，创造了以 7 个半小时跑完新京（今长春）到大连全程 701.4 千米的纪录，途中停车只有大石桥、鞍山、奉天、四平 4 个车站。亚细亚号常态运营的两组列车，每日上午由新京和大连对开，完成大连至新京（今长春）间的运行，所需时间为 8 小时 30 分（中途不停车），平均运营速度为每小时 85 千米。牵引亚细亚号的太平洋 7 型机车是当时世界上时速最高的蒸汽机车之一，车头外部呈流线型，动轮直径达两米，可装载 37 千公斤水和 12 千公斤煤炭，机车的最高测试时速为 130 千米，远远领先于最高时速 95 千米的日本铁道省的机车。亚细亚号于 1943 年 2 月停止运行。

043

“满铁”大连火车站候车椅

1937 年
直径 180 厘米，通高 120 厘米
木质

平面呈圆形，中间为木质靠背，靠背上树立混凝土柱，可供多人围坐。

044 **“满铁”中央试验所创立三十五周年记念瓷板**

1942 年
直径 22.9 厘米，厚 1.2 厘米
陶瓷质

圆形，浅黄色釉。正中为浅浮雕后藤新平头像，左侧有“后藤新平”四字，右侧有“满铁中央试验所创立三十五周年记念”字样。

后藤新平（1857 ~ 1929） 曾任日本统治台湾时期的总督府民政长官。1906 年出任日本“满铁”第一任总裁。期间以“举王道之旗行霸道之术”，提出“文装的武备”殖民主义统治政策，在发展经济的同时，发展殖民教育、文化、卫生等事业，以征服人心，构成潜在军备。“满铁”中央试验所就是他的殖民政策的产物。

大连天德寺铁钟

清（1644 ~ 1911）
通高 160 厘米，口径 110 厘米
铁质

蒲牢镂空钟钮，肩部饰覆莲纹，接下一周乳钉纹，腹部分上、下两层，铸有“都城顺天府蓟州僧正司溯河庄关圣庙，铸造洪钟一口，铁重二千五百斤。住持僧人道成，化缘僧人海亮，金火铸匠付国玺、王永吉、付国明、刘守通”和捐款人姓名，间铸“皇帝万岁 太子千秋”“皇图永固 帝道遐昌 佛日增辉 法轮常转”等铭文。钟裙铸有八卦图案。由铭文可知，此钟原在河北蓟县关圣庙，当铸于清初。E本统治大连时期，福昌华工株式会社于1919年在寺儿沟碧山庄（中国人称红房子）南端修建天德寺时，将该铁钟置于寺内。每天早晨把头都要敲击此钟催促劳工上工，所以这口钟被劳工们称为“催命钟”。

046 **“满铁”大连机械制作所标牌**

20 世纪 20 ～ 40 年代
纵 30 厘米，横 40 厘米
搪瓷质

长方形，横向两端呈弧形，喷烤红褐色瓷釉为地，模压有“满铁”标志和“大连机械制作所”。四角有钉孔。“满铁”标志和“大连机械制作所”喷烤白色瓷釉。背面喷烤蓝色瓷釉。

“满铁”大连机械制作所的前身是株式会社大连机械制作所，是由 1915 年设立的奉天铸铁公司和 1917 年建立的大连机械制造所组成，于 1918 年成立。20 世纪 20 年代成为“满铁的附属企业”。1937 年七七事变后转向军用企业。1941 年太平洋战争爆发后则成为专门制造军械和炮弹的企业，彻底走上为战争服务的轨道。

047 “满铁”亚细亚号特快列车广告牌

20 世纪 30 ~ 40 年代
纵 64 厘米，横 52 厘米
搪瓷质

长方形。喷烤黄色瓷釉为地，左上角模压有“满铁”标志，其下模压有行驶中的亚细亚号特快列车和“乘车・亚细亚号”字样。“满铁”标志和“乘车・亚细亚号”喷烤黑色瓷釉，列车和烟雾分别喷烤绿色和白色瓷釉。

亚细亚号是日本“满铁”所属著名特快列车。

048 “满铁”大连行车牌

20 世纪 30 ～ 40 年代
纵 15 厘米，横 65 厘米
搪瓷质

长条形。正、背两面喷烤蓝色瓷釉为地，正面右上角模压有“满铁”标志，稍上模压有“大连行”三字，其下模压相对应的英文；背面右上角模压有“满铁”标志，稍上模压有“新京行”三字，其下模压相对应的英文。“满铁”标志、“大连行”“新京行”和其下模压相对应的英文均喷烤白色。

“新京”即今长春，伪满洲国时改为“新京”。此行车牌当用于往返大连至长春间亚细亚号特快列车。

049

“满铁”大连铁道俱乐部标牌

20 世纪 30 ～ 40 年代
直径 36 厘米
搪瓷质

圆形。喷烤橘黄色瓷釉为地，中央模压有“满铁”标志，周围模压“大连铁道俱乐部”字样。“满铁”标志和“大连铁道俱乐部”均喷烤白色。有四个钉孔。

050

“满铁”大连埠头俱乐部标牌

20 世纪 30 ～ 40 年代
直径 36 厘米
搪瓷质

椭圆形。喷烤蓝色瓷釉为地，有四个钉孔。中央模压有“满铁”标志，周围模压“大连埠头俱乐部”字样。“满铁”标志和“大连埠头俱乐部”均喷烤白色。

背面喷烤褐色瓷釉。有四个钉孔。

大连埠头即大连码头。

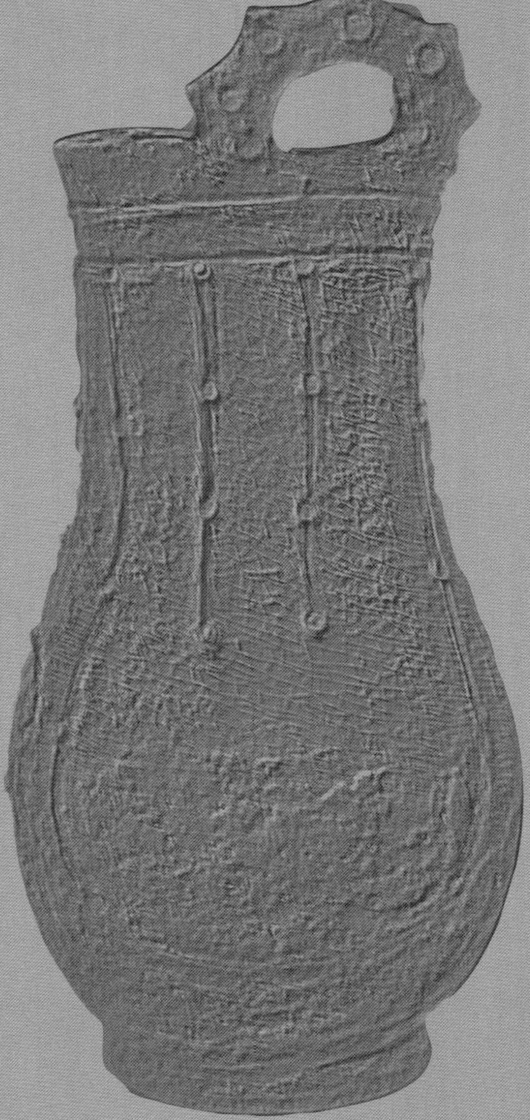

051 **彩陶罐**

新石器时代马家窑文化
高 22 厘米
陶质

侈口，短颈，鼓腹，最大腹颈在中部，有对称环耳，平底。口内有黑色内彩，口至腹上部绘彩，颈部为黑、红彩叶脉纹，腹部以黑、红彩间绘四大圆圈，圆圈内绘网格纹。

052 **彩陶壶**

新石器时代马家窑文化
高 38 厘米
陶质

钵口，长颈，广肩，鼓腹，最大腹颈在中部，口下有对称穿双孔鸡冠耳，腹部有对称环耳，平底。口至腹上部绘彩，口部为黑彩折线纹，颈部为黑彩三角纹，腹部以红彩间出两组网格纹和贝纹。

053 **彩陶壶**

新石器时代马家窑文化
高 43 厘米
陶质

侈口，短颈，鼓腹，最大腹颈在上部，腹靠下部有对称环耳，平底。口内有红、黑彩锯齿纹和水波纹内彩，颈部绘黑彩折线纹，腹上部以黑、红彩间绘四大圆圈，大圆圈内再绘四个黑彩小圆圈，其间以黑彩分割，小圆圈内绘网格纹，下部绘黑彩水波纹。

054 **彩陶壶**

新石器时代马家窑文化
高 32 厘米
陶质

侈口，短颈，颈绘黑彩折线纹，腹略鼓，最大腹颈在中部，有对称环耳，平底。口内有黑色内彩，腹上部以黑彩绘两组弦纹，下部绘黑彩水波纹。

055 **彩陶壶**

新石器时代马家窑文化
高 34.5 厘米
陶质

侈口，直颈，深腹，最大腹径在上部，有对称环耳，平底。口内有黑色内彩，颈绘黑彩折线纹，腹上部绘黑彩，主体纹饰为“W”纹加圆圈点纹，下部绘水波纹。

056 **彩陶壶**

新石器时代马家窑文化
高 42 厘米
陶质

侈口，短颈，颈绘黑彩变形鸟纹、鱼纹，鼓腹，最大腹径在上部，有对称环耳，平底。口内有黑色水波纹内彩，肩、腹部以黑、红彩间绘锯齿纹和宽带纹，下部绘黑彩水波纹。

057 **彩陶壶**

新石器时代马家窑文化
高 26 厘米
陶质

侈口，颈略长，以红、黑彩间绘弦纹，垂腹且折，最大腹颈靠下部，有对称环耳，平底。肩与腹上部以红、黑彩间绘六个圆圈和水波纹，圆圈内内为红彩网格纹。

058 彩陶壶

新石器时代马家窑文化
高 22 厘米
陶质

侈口，平沿，长颈，颈涂赭石彩，颈与肩连接处有单环耳，垂腹且折，最大腹径在下部，平底。腹部主体纹饰为“W”纹和花朵装饰。

059 **彩陶壶**

新石器时代马家窑文化
高 19 厘米
陶质

侈口，短颈，口与肩部连接处有对称环耳，腹上部一侧有筒状流，鼓腹，平底。口至腹上部以黑、红彩间绘变形鱼纹和三角网格纹等。

060 **彩陶壶**

新石器时代马家窑文化
高 19 厘米
陶质

侈口，短颈，口与肩部连接处有对称錾耳，鼓腹，最大腹径在中部，有对称盲耳，平底。口内有内彩，颈、腹部绘赭石彩，主体纹饰为两组相对的“W”纹。

061 **彩陶壶**

新石器时代马家窑文化
高 13 厘米
陶质

侈口，短颈，口与肩部连接处有对称板耳，鼓腹略折，平底。口内有内彩，主体纹饰为黑彩“W”纹。

062 **彩陶壶**

新石器时代马家窑文化
高 11 厘米
陶质

侈口，短颈，口与肩部连接处有对称鋬耳，垂腹且折，最大腹颈在下部，平底。口内有内彩，口沿下为两周锯齿纹，颈下绘一周红彩弦纹，腹部绘黑、红彩纵向锯齿宽带纹。

063 **彩陶壶**

新石器时代马家窑文化
高 13 厘米
陶质

侈口，短颈，口与肩部连接处有对称鋬耳，垂腹且折，最大腹颈在下部，平底。口内有类似符号的内彩，腹部涂黑彩，在黑彩空白处留有七组水波纹。

064 **彩陶壶**

新石器时代马家窑文化
高 15 厘米
陶质

侈口，短颈，口与肩部连接处有对称环耳，鼓腹，最大腹颈在下部，平底。口内有内彩，颈、腹部主体纹饰为黑、红彩间绘的几何纹和网格纹。

065 **彩陶壶**

新石器时代马家窑文化
高 14 厘米
陶质

侈口，短颈，口与肩部连接处有对称鋬耳，鼓腹且折，平底。口内有内彩，腹部为黑、红彩间绘的 6 个几何形框线，内绘细密的红彩网格纹。

066 **彩陶壶**

新石器时代马家窑文化
高 12 厘米
陶质

直口，短颈，垂腹，口沿至腹上部一侧有环状把手，平底。颈部下至近底部绘红彩折线隔出的黑彩网格纹。

067 **彩陶盆**

新石器时代马家窑文化
高 7.5 厘米，口径 16.2 厘米
陶质

大口，平沿，收腹，腹上部有对称盲耳，平底。口沿绘黑彩，盆内亦绘黑彩复线方格纹，腹上部绘两周黑彩弦纹，弦纹内绘黑彩水波纹。

068 **彩陶罐**

新石器时代马家窑文化
高 7.5 厘米，口径 16.2 厘米，底径 7 厘米
陶质

敞口，深腹，平底。口与腹上部连接处有对称环耳，腹部绘红彩条带纹和菱形网格纹。

069 **彩陶罐**

新石器时代马家窑文化
高 18.5 厘米，口径 28.5 厘米，底径 11 厘米
陶质

敞口，束颈，深腹，平底。口与腹连接处有对称环耳，有内彩，腹部是赭石彩条带纹和水波纹。

070 **彩陶罐**

青铜时代齐家文化
高 10.5 厘米
陶质

敞口，斜长颈，束腰，折腹，口沿下至腹上部有对称板状大耳，平底。颈部绘红彩蛇状纹。

071 “昭明”铜镜

西汉（公元前 206 ~ 公元 8）
直径 7.7 厘米
青铜质

圆形，圆钮，圆钮座。钮座外一周凸弦纹圆圈及一周内向八连弧纹带，连弧间有简单装饰，其外区为常见的减字昭明镜铭文。

072 “日光”铜镜

西汉（公元前 206 ~ 公元 8）
直径 7.7 厘米
青铜质

圆形，圆钮。钮座外为内向八连弧，其外为常见的日光镜铭文，宽素缘。

073 **青铜蒜头壶**

西汉（公元前 206 ～公元 8）
高 39 厘米
青铜质

蒜头状口，长颈，扁腹，高圈足。

074 **青铜灯**

东汉（25 ～ 220）
通高 15.8 厘米，底径 8 厘米
青铜质

灯座呈覆钵形，铸有动物纹饰，灯座上承竹节状高柄和灯碗，灯碗中心有一钉，一侧有便于取放的折曲把柄。

075 **绿釉陶鼎**

东汉（25 ~ 220）
通高 16.2 厘米
陶质

由鼎身和盖组成。子母口，收腹，口下有对称横耳，圜底，腹下部接三个蹄形足；盖呈覆钵形，与口部相扣吻合。通体施绿釉。

076 黄釉动物纹陶壶

东汉（25 ~ 220）
高 45.5 厘米，口径 17.6 厘米，底径 18 厘米
陶质

侈口，长颈，鼓腹，最大腹径在中部，平底，腹上部有对称兽面衔环铺首，堆塑一周动物纹。通体施黄釉。

077 **绿釉陶熏**

东汉（25 ~ 220）
通高25厘米
陶质

由炉身和盖组成。炉身可分为底盘、竹节状柄和炉碗三部分，炉碗为子母口，盖为博山造型，上有18个圆孔，盖与身相扣吻合。通体施绿釉。

078

绿釉陶仓

东汉（25 ~ 220）
通高 34.3 厘米
陶质

仓身和盖合塑。仓身呈深筒状，平底，下接三个熊形矮足，仓盖为囤顶。通体施绿釉。

079 **茶叶末釉罐**

唐（618 ~ 907）
高 25.7 厘米，口径 9 厘米，底径 9 厘米
瓷质

侈口，鼓腹下收，平底。口至腹上部施茶叶末釉，有细小开片。

080 黄釉皮囊壶

辽（907 ~ 1125）
通高 23.5 厘米
瓷质

管状口，壶体酷似皮囊，上部有双孔，凹底。施黄釉未到底，属矮身式双孔皮囊壶。

081 **白釉皮囊壶**

辽（907 ~ 1125）
通高 37.5 厘米
瓷质

管状口，壶体高，上部有装饰皮扣泡钉的弧形提梁，器身上部呈筒状，靠下部鼓腹，圈足。施白釉未到底，釉白中泛绿，有细小开片。提梁下和器身有仿皮条、皮扣装饰。

082

绿釉皮囊壶

辽（907 ~ 1125）
通高 29.5 厘米
瓷质

管状侈口，略高，上部有弧形小孔提梁，器身腹部略鼓，圈足。施绿釉未到底。

083 **三彩盘**

辽（907 ~ 1125）
高 5.2 厘米，口径 22.2 厘米，
足径 7.4 厘米
瓷质

敞口，弧壁，圈足。盘内模印牡丹花，施以黄、绿、白三种颜色釉，外壁仅口下施黄釉。

084 **三彩海棠盘**

辽（907 ~ 1125）
高 1.2 厘米，纵长 15 厘米，
横长 26 厘米
陶质

平面似海棠花，盘内以黄、绿两种颜色釉模印花卉，平底，施釉未到底。

085 **铜　釜**

金（1115 ~ 1234）
高 31.5 厘米，口径 49.5 厘米
铜质

直口，深腹内收，小平底，腹上部有六个錾耳。为金代典型六耳铜釜。

086 **铁　釜**

金（1115 ~ 1234）
高 29.5 厘米，口径 50 厘米
铁质

直口，平沿，深腹内收，小平底，腹上部有六个錾耳。为金代典型六耳铁釜。

087 “洪宪”款粉彩人物故事花盆一对

1915 ~ 1916
通高 15.1 厘米，口径 16.3 厘米
瓷质

1 对 2 件。侈口，筒腹，平底，底有两个小圆孔，下有托盘承接。通体施白釉，口沿绘花卉，腹部以粉彩绘人物故事。托盘口沿亦绘花卉，壁绘桃花、山石。

088 | ## 喜禅墨竹图

1928 年
纵 66.3 厘米，横 129.6 厘米
纸本，水墨，横轴

喜禅（1881 ~ 1953）辽南近代著名画家，以画竹著称。原名延维明，又名培基，字天循，14 岁在庄河兴隆寺出家，法号昌庆，后为庄河大营子双泉寺住持，民国十一年（1922）又添喜禅名号。画竹落款时常见的还有佛子昌庆、青龙山僧、绿涛僧、邮罗、伯庄、东阁、寿镝、古乐安人、漾溪、莲阶等。

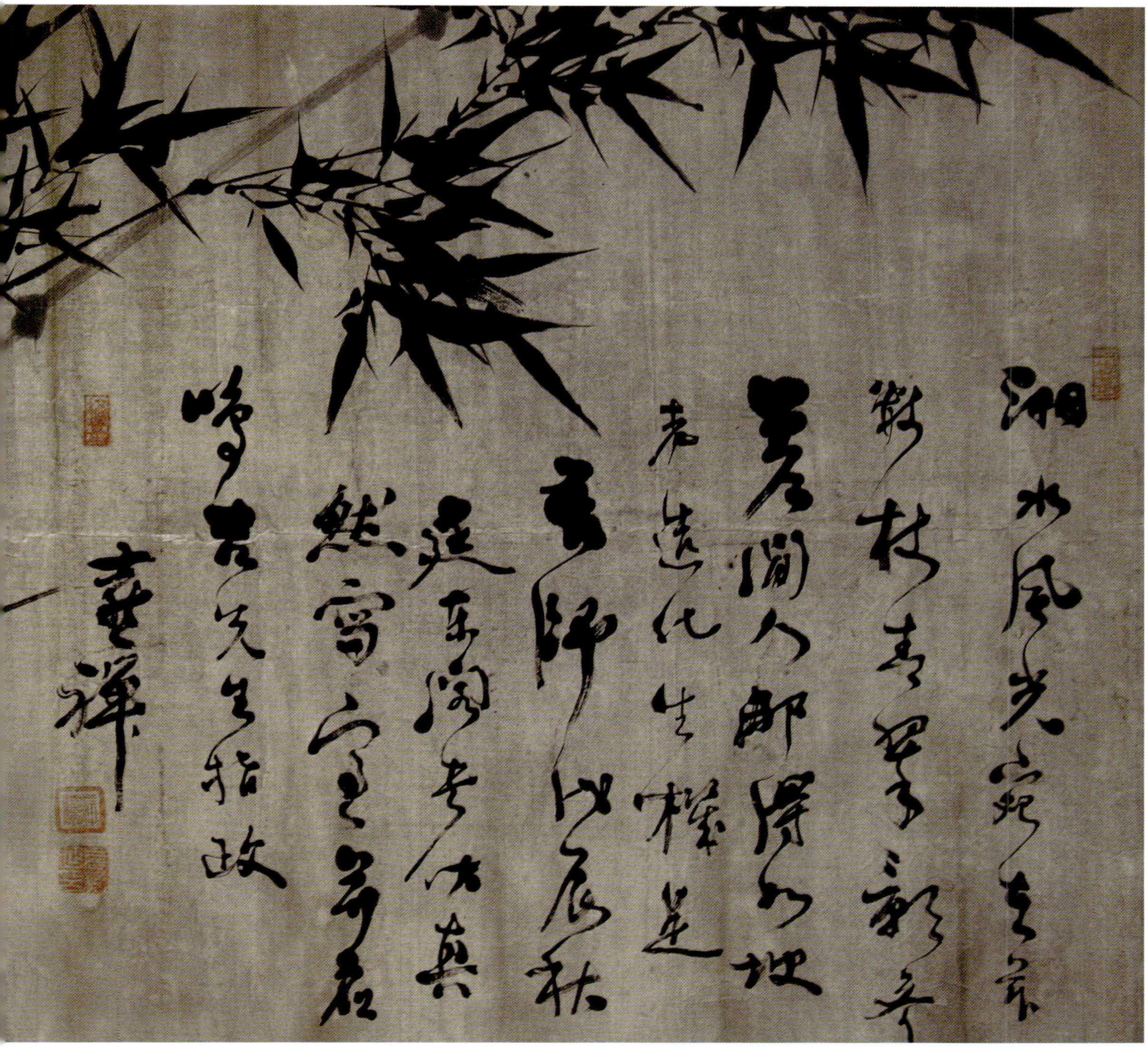

画面绘一株粗壮老竹，根部分出数枝细竹，斜出之细竹有随风摇曳之感。题“湘水风光宛在兹，数枝青翠影参差。闲人哪得如坡老，造化生机是吾师”；署“戊辰秋延东阁书，仿真然写意，并应鸣吉先生指政，喜禅”；钤“延寿镝印”白文印、“培基”“绿涛”朱文印。

戊辰即 1928 年。

089 **喜禅墨竹图**

1929 年
纵 62.5 厘米，横 146 厘米
纸本，水墨，横轴

画面绘随风摇曳竹子，竹叶郁郁葱葱，浓密垂落，墨色浓淡相宜。题“与可画竹如作书，山谷作书如画竹。东坡先生能兼之，是否与可是山谷”；署“民国十八年秋日，喜禅”；钤“漾溪”朱文印、“延寿镝印”“延东阁”白文印。

民国十八年即 1929 年。

090 **喜禅墨竹图**

1929 年
纵 138 厘米，横 51.5 厘米
纸本，水墨，立轴

画面绘一丛细竹。题“风吹十万喜鸾尾，只为石人扫诗坛”；署“民国十八年仲秋，喜禅”；钤“延寿镐”“延东阁”白文印、“漾溪”朱文印等。

民国十八年即 1929 年。

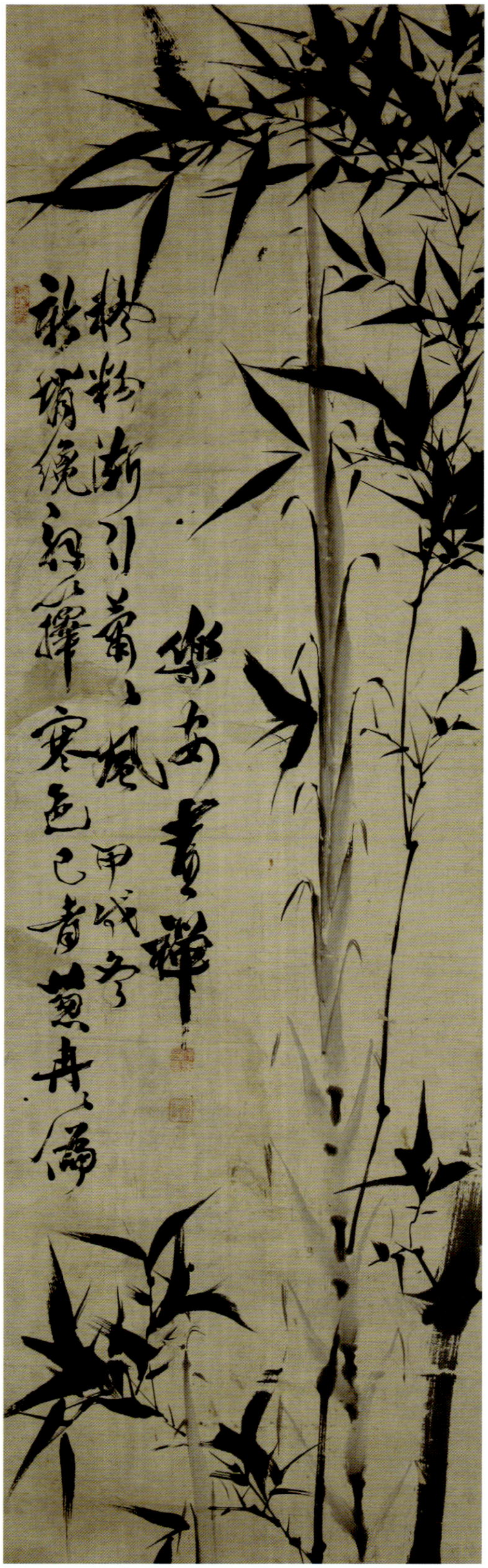

091 喜禅墨竹图

1934 年
纵 134.7 厘米，横 40 厘米
纸本，水墨，立轴

画面绘一丛细竹，竹叶飘逸自然。画出竹之高风亮节，坚贞正直，清新高雅。题“新梢才初箨，寒色已青葱。冉冉偏椮粉，渐引萧萧风”；署“甲戌冬，乐安喜禅”；钤“佛子昌庆”白文印、“喜禅”朱文印。

甲戌即 1934 年。

092 **喜禅墨竹图**

1937 年
纵 117.4 厘米，横 51 厘米
纸本，水墨，立轴

画面绘两丛竹子。题“未种菩提树，且画竹玲珑”；署“丁丑春书，喜禅”；钤“延天循培基”“广饶县天循延伯庄印章”白文印。

丁丑即 1937 年。

093 喜禅水墨竹通景

1939 年
纵 143 厘米，每屏横 38.4 厘米
纸本，水墨，立轴

画面绘条石、细竹，四条屏竹景错落有序，丛丛细竹姿态各异、竹叶层层叠叠，有虚有实，或俯或仰，疏而不空，密而不乱，给整个画面增加了动感。题“挺节有时龙化去，棲迟无力凤空来。山僧日日无他事，嫩叶长竿仔细裁。又云：佛印今安在，东坡不可寻。数竿清波竹，聊与证前田”；署“岁次乙卯季夏，画于松谷禅室，左腕僧喜禅”；钤“佛子昌庆”“广饶县天循延伯庄印章”白文印、“喜禅”“延伯庄印”“喜禅印”朱文印。

己卯即 1939 年。

挺節有時龍化去棲遲無力鳳空來山僧日々無他
事嫩葉長竿仔細栽又云佛印今安在東坡
己卯季夏畫於松谷禪室

094 喜禅墨竹四条屏

1941 年
纵 133 厘米，每屏横 36.6 厘米
纸本，水墨，立轴

画面绘条石、墨竹。竹竿挺拔有力，刚柔相济。竹枝、竹叶疏密分布合理，竹叶错落有序，生动自然。

之一题“更容一夜抽千尺”；署“辛巳秋日写，青龙山喜禅”；钤“佛子昌庆”“广饶县天循延伯庄印章”白文印、“喜禅”“延伯庄印”“喜禅佛子昌庆”朱文印。

之二署“辛巳秋日，青龙山僧乐安喜禅”；钤“佛子昌庆”“广饶县天循延伯庄印章”白文印、“喜禅”“延伯庄印”“喜禅印”“喜禅佛子昌庆”朱文印。

之三题“此君风韵好，一籍箨成竿”；署“辛巳秋日写，喜禅”；钤“佛子昌庆”“广饶县天循延伯庄印章”白文印、“喜禅”“延伯庄印”“喜禅佛子昌庆”朱文印等。

之四题“露滴龙华节，风摇青玉枝”；署“左书，辛巳秋日青龙山喜禅”；钤“佛子昌庆”“广饶县天循延伯庄印章”白文印、“喜禅”“延伯庄印”朱文印。

辛巳即 1941 年。

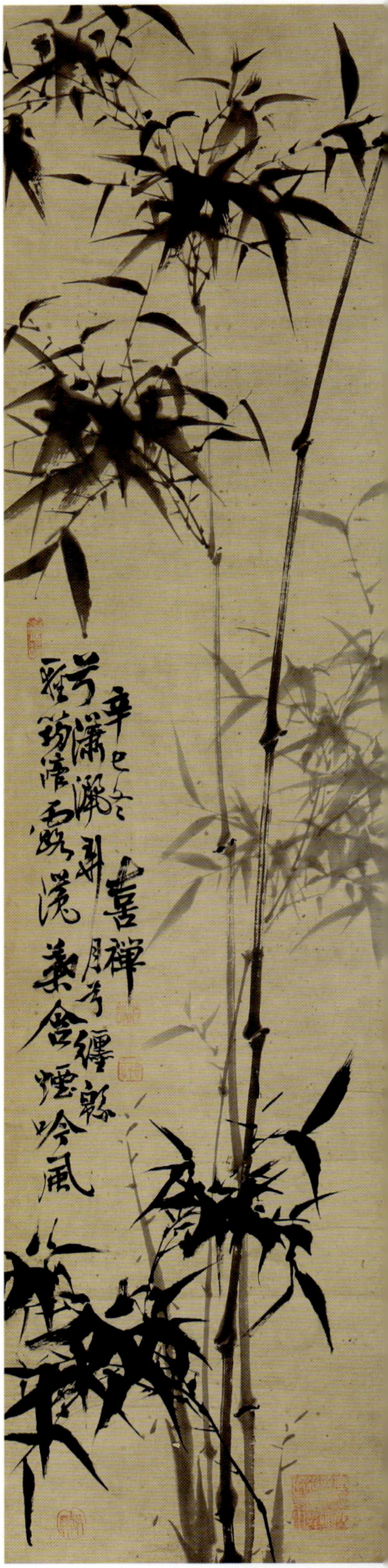

095 **喜禅墨竹四条屏**

1941 年
纵 133.3 厘米，每屏横 32.5 厘米
纸本，水墨，立轴

每屏绘动感极强丛竹。

之一题“翠竹姗姗画里看，潇湘清影早秋寒。风吹十万青鸾尾，只为山僧扫石坛”；署“时在辛巳冬，邮罗延天循喜禅”；

之二题“枝叶分披不自持，倏然东向倏然西。此中曾著名贤履，一样风流说阮嵇”；

之三题“雨雨风风颠倒颠，不知经过几何年。凡华野草都零落，我独青青得自全”；

之四题“轻筠滴露，笼叶含烟。吟风兮潇洒，弄月兮缠绵”，署“辛巳冬喜禅”。

每屏皆钤“佛子昌庆”白文印、“喜禅”朱文印。

辛巳即 1941 年。

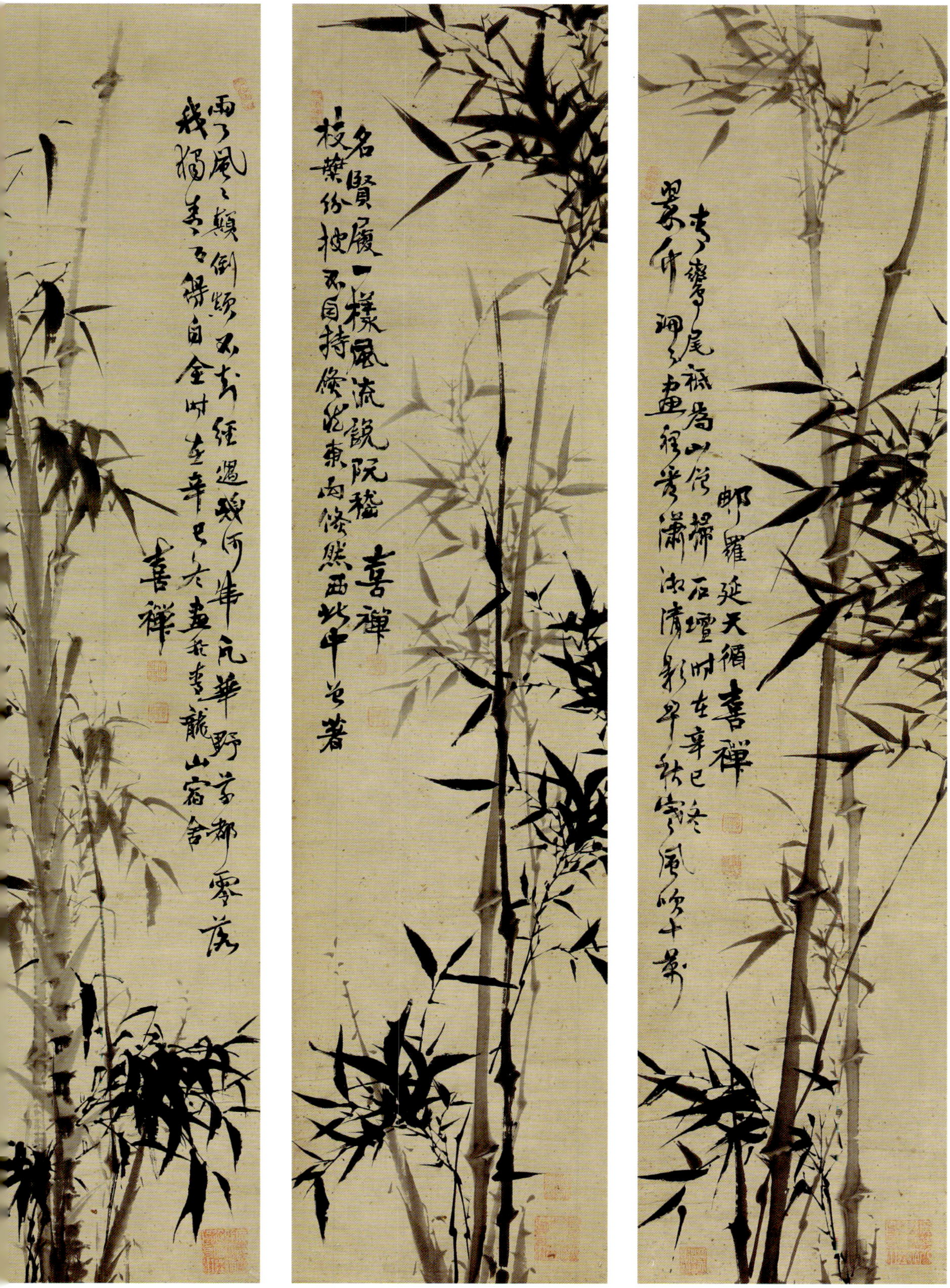

096 **喜禅通天笋图**

1946 年
纵 144 厘米，横 36.4 厘米
纸本，水墨，立轴

画面绘挺拔劲竹与一簇簇新叶，全图诗书画印咸具。题“雨雨风风颠倒颠，不知经几过何年。凡华野草都零落，我独青青得自全。竹曰：我本无心，纵然是教吾风雨摧残，依然不改初心”；署“丙戌小阳春画于青埠，青龙山喜禅”；钤“喜禅”“延伯庄印”朱文印、“佛子昌庆”白文印。

丙戌即 1946 年。

097 **孙世昌、喜禅合写花鸟竹梅图**

1940 年
纵 92 厘米，横 33.5 厘米
纸本，设色、水墨，立轴

此画由孙世昌绘花鸟，喜禅绘墨竹。画面上梅花姿态各异，鸟儿鸣叫；墨竹虚实相间，层次分明。上署“庚辰季春画，添于古寺客舍，喜禅”，钤“佛子昌庆”白文印、“喜禅”朱文印；下署“铁网珊瑚孙世昌”，钤“孙四”白文印、“同九居士”朱文印。

庚辰即 1940 年。

098 喜禅墨竹四条屏

1950 年
纵 86 厘米，每屏横 26.5 厘米
纸本，水墨，立轴

画面分别绘翠竹一丛，竹竿苍劲有力，枝节挺拔，竹叶繁密交错，竹叶好似随风而动。

之一题“筛月生诗兴，浮烟伴酒盃。南窗睡轻起，潇洒出尘埃”；署“庚寅春画于古刹，济南东阁伯庄延培基”；钤“佛子昌庆”“广饶县天循延伯庄印章”白文印、“喜禅”“喜禅印”“延伯庄印”朱文印。

之二题“净几明窗数升墨，满天风雨写离骚”；署“时在庚寅春，画（于）古刹，喜禅”；钤“佛子昌庆”“延天循培基”白文印、“喜禅”“延伯庄印”朱文印。

之三题“丰篁翠一蘩，嫋嫋青凤羽。为君送秋声，共讶墨池事”；署“时在庚寅春，山东延东阁”；钤“佛子昌庆”“广饶县天循延伯庄印章”白文印、“喜禅”“延伯庄印”朱文印。

之四题“直节飞腾倚暮雲，眼前苍翠日纷纷。披图忽有清风至，一片琳瑯静处闻”；署“时在庚寅古三月廿七捌日，济南广饶延天循”；钤“佛子昌庆”“延天循培基”白文印、“喜禅”“延伯庄印”“喜禅印”朱文印。

庚寅即 1950 年。

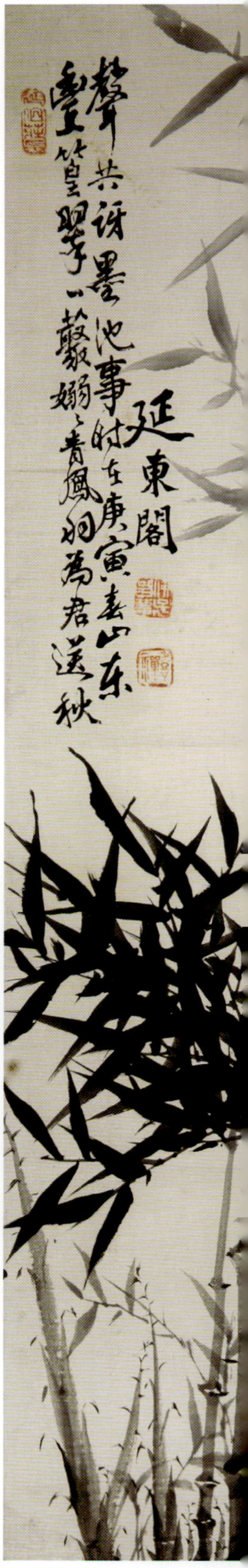

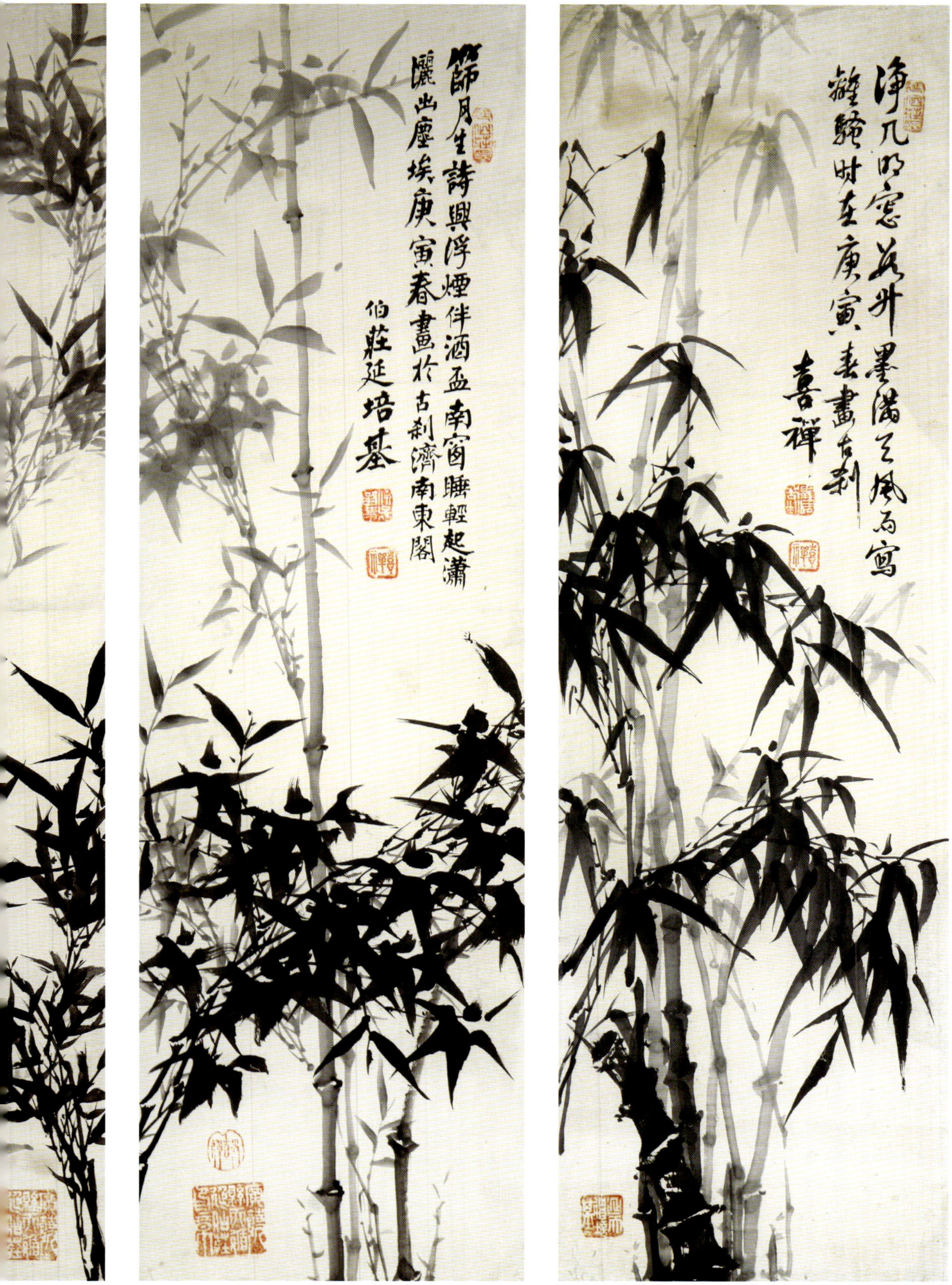

099 孙世昌墨兰图

1920 年
纵 129.3 厘米，横 33.6 厘米
纸本，水墨，立轴

孙世昌（1897 ~ 1951） 字同九、桐九，又名诗仓，号铁梅子、梅花学士、梅花外史等，所居曰清籁轩、寒梅轩、壮立轩、梅花书屋、净云书屋等。舒穆禄氏，隶满洲正白旗，庄河小孤山孙堡人。毕业于北京大学法科法律系。自幼习画，尤擅画花卉翎毛，有恽寿平笔意。所画梅花尤佳，被时人称为“铁梅同九”。

画面绘岩间数丛幽兰，墨色浓淡相宜，层次分明，兰花生机盎然，题“不画凡花只画兰，丰神无异作书难。而今也看胭脂好，笑未当初学牡丹”；署“庚申夏日书于梅花书屋，孙世昌”；钤“孙世昌印”白文印、“同九”朱文印。

庚申即 1920 年。

100 孙世昌铁骨冰心图

1922 年
纵 135.9 厘米，横 67 厘米
纸本，水墨，立轴

画面浓淡相宜，以浓墨绘出梅树苍劲枝干，以淡墨写梅花，将梅花傲骨之气表现得淋漓尽致。题“铁骨冰心”；署“壬戌新秋仿彭雪琴笔意，孙世昌”；钤“孙世昌”“天趣横生”“意在笔先”白文印、“同九”朱文印。

壬戌即 1922 年。

鐵骨冰心

101 **孙世昌花鸟四条屏**

1927 年
纵 120.5 厘米，每屏横 31.3 厘米
纸本，设色，立轴

四屏以写意和工笔分绘菊花、牡丹、荷花、梅花和绶带鸟等，设色雅致，富有意趣，分题“东篱佳色”，署“时在丁卯夏月，桐九”；“国香春霁”，署“仿南田设色，桐九”；“翠袖红妆”，署“铁梅”；“以介眉寿”，署“时在丁卯夏月，书于壮立轩，孙世昌”；分钤“孙世昌”白文印、“桐九”朱文印。

丁卯即 1927 年。

102

孙世昌绿梅图

1936 年
纵 106.5 厘米，横 32 厘米
纸本，设色，立轴

画面绘梅树曲折老干，枝条参差交错，以碎笔或勾或点梅花，虽无具象形态，却表现出梅花密生枝梢之意境。署“孙世昌，丙子之作”；钤“孙氏”白文印、“千秋万世昌”朱文印。

丙子即 1936 年。

103 孙世昌梅鸟图

具体年份不详
纵 126 厘米，横 46.5 厘米
纸本，设色，立轴

画面绘山石之上一株树干弯曲的老梅，枝桠上满布绽放的梅花和含苞欲放的梅朵，一只绶带鸟伫立山石之上侧首而望，鸟喙微张作鸣叫状，富有情趣。题“终朝握管不停披，画了梅花更写诗。惟恐寒梅花太冷，故添红玉点胭脂”；署“竹三先生粲正，桐九孙世昌”；钤“孙世昌印”白文印、“坐花醉月”朱文闲章。

104 **孙世昌喜溢眉梢图**

具体年份不详
纵 117 厘米，横 31 厘米
纸本，设色，立轴

画面绘一只喜鹊倒悬于苍劲梅干之上，梅枝直贯画面，以浓墨点出枝干苔藓，花色艳而不俗，笔意奔放。题“喜溢眉梢”；署“孙世昌”；钤“孙氏”白文印、“千秋万世昌”朱文印。

105 孙世昌玉树临风图

具体年份不详
纵 136.5 厘米，横 33 厘米
纸本，设色，立轴

画面绘梅树老干发新枝，枝茂花繁，但却显得繁而不乱。题“玉树临风”；署“同九”；钤“孙氏”白文印、“同九居士”朱文印。

106 **孙世昌梅鸟图**

具体年份不详
纵 120.8 厘米，横 32.2 厘米
纸本，设色，立轴

画面绘梅树老干上、下各伸出一枝，两只喜鹊立于老干之上，更增添了情趣。署“世昌”；钤“世”“昌”朱、白文印。

107 喜禅、孙世昌合写竹梅花鸟图

具体年份不详
纵 116 厘米，横 39 厘米
纸本，水墨、设色，立轴

喜禅善画墨竹，孙世昌善画设色花鸟，两人经常在一起合作，留下了一批合写作品，二人可谓珠联璧合。

此画由喜禅绘墨竹，孙世昌绘花鸟。画面上一株细竹挺拔柔韧，竹叶摇曳生姿；梅花清新淡雅，鹊鸟欲落枝头，整个画面自然清秀。上署“喜禅”，钤“喜禅”朱文印、“延天循培基”白文印；下署“同九补花鸟”，钤“千秋万世昌”朱文印、“孙氏”白文印。

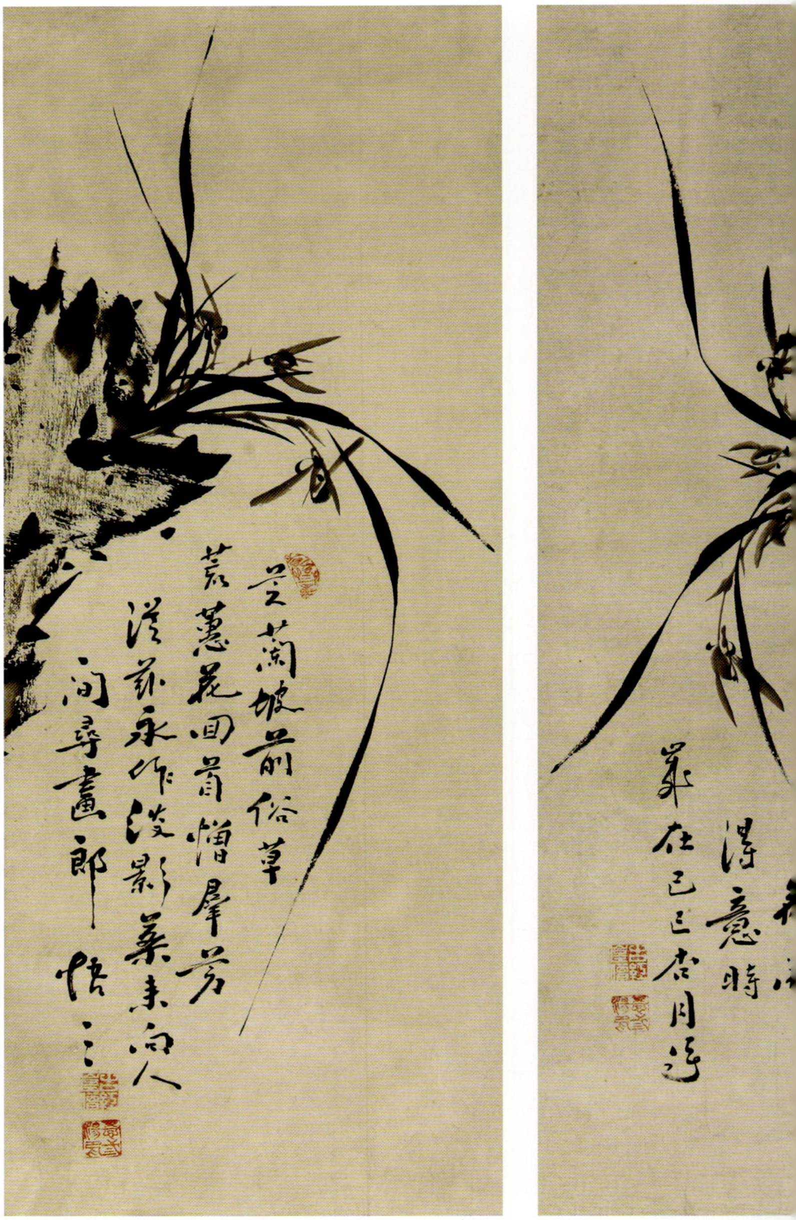

108 **悟三墨兰四条屏**

1929 年
纵 62.3 厘米，每屏横 25.5 厘米
纸本，水墨，立轴

悟三（约 1855 ~ 1936） 本姓汤，法名觉乘，别署红崖僧、天秤僧，所居曰松山竹舍。原庄河兴隆寺方丈，系喜禅师叔。擅画兰草，其兰花花朵似飞舞，民间有“喜禅竹子悟三兰”之称。

四屏均绘姿态各异兰草，动感强烈。

之一题“春日小雨润香酥”；署“古红崖子僧人作”。

之二题“花开得意时”；署“岁在己巳杏月题”。

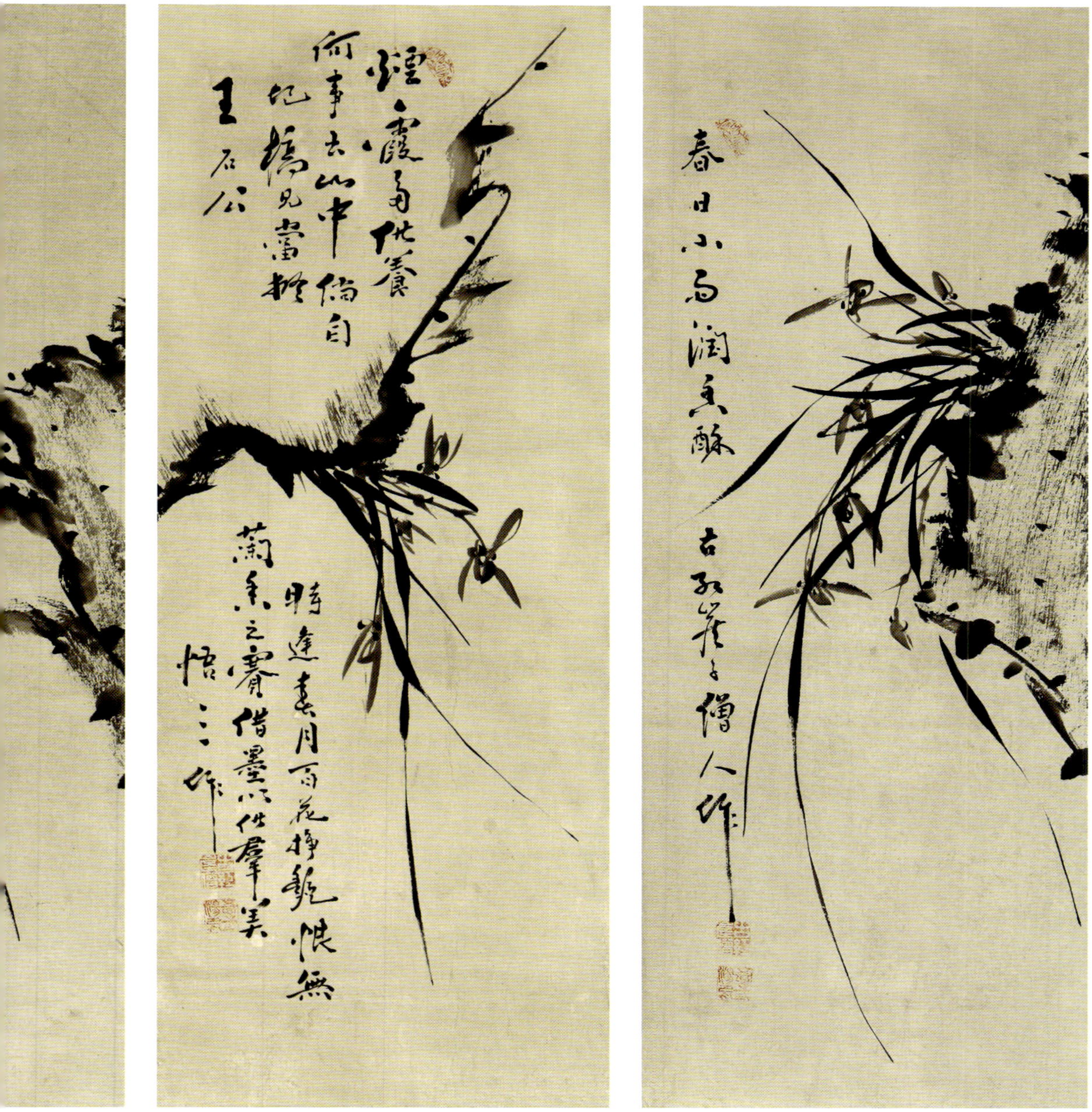

之三题“烟霞多供养，何事云山中，倘自圯桥见，当拟王石公”；署“时逢春月百花争艳，恨无兰香之赛，借墨以供群美。悟三作”；

之四题“芝兰坡前俗草荒，蕙花回首憎群芳。从兹永作淡影叶，未向人间寻画郎。悟三”。

每屏均钤“古红崖僧”“悟三”白文印、“悟三汤印”朱文印。

己巳即 1929 年 .

109 **王贯三柳亭观钓图**

1925 年
纵 96.6 厘米，横 44.4 厘米
纸本，水墨，立轴

王贯三(1874 ~ 1947）字衷一、衷乙，名春煦，号三一子、四明逸人、四明逸仙、一笑了然斋主。原籍浙江宁波四明山，祖父行医来庄河后炮台定居。29 岁考取岁贡，其诗文书画今多留存于世。

此画人物精工，线条流畅，山树葱郁，房舍掩映，小舟缘水而行，画面温馨静谧而又生机勃勃。题“柳亭观钓。乙丑秋曾见环中子有此作，图为仿乙过侣否不之计也，四明逸人王贯三”；钤“贯三”白文印、“王印”朱文印。

乙丑即 1925 年。

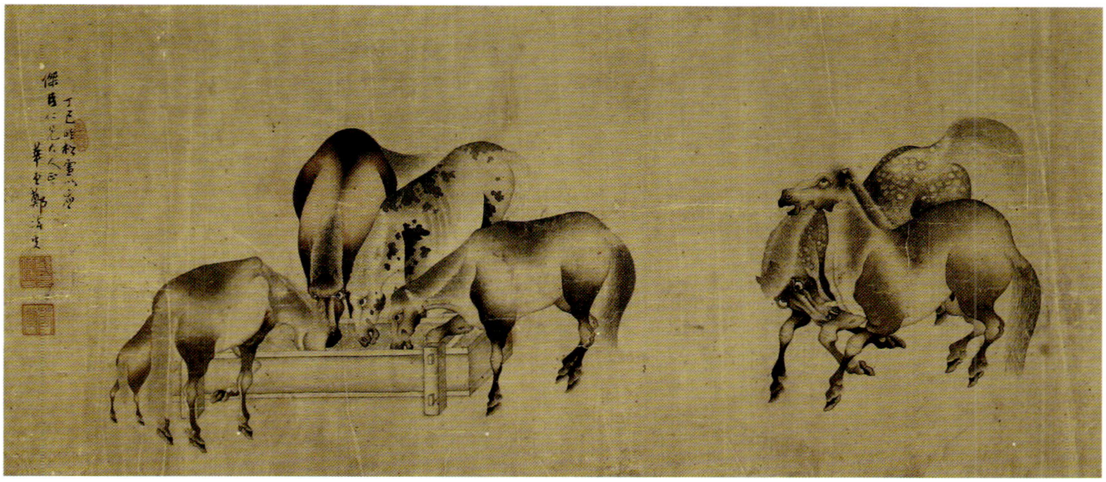

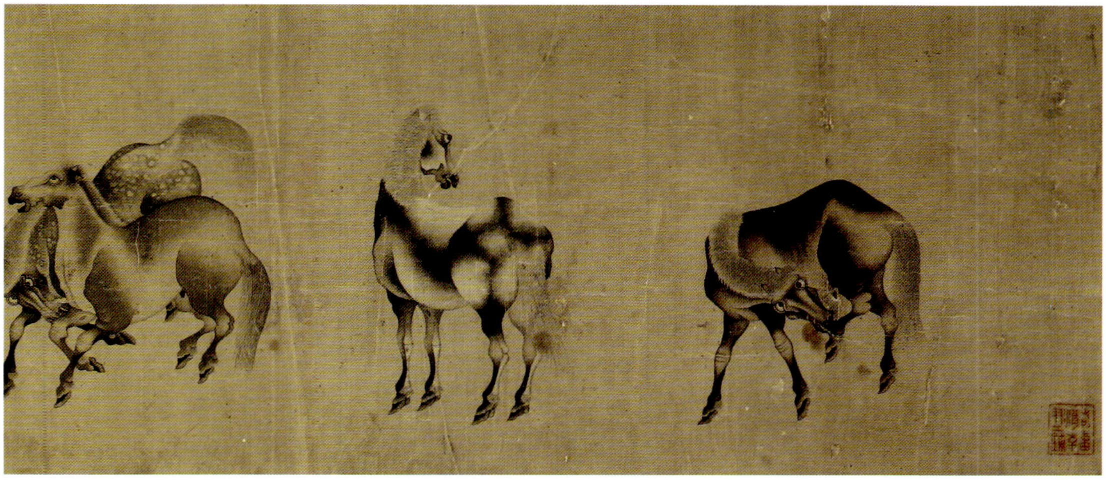

郑法燮九骏图

1917 年
纵 33.2 厘米，横 126.8 厘米
纸本，设色，横轴

郑法燮（生卒年不详）字华堂，民国时期庄河大孤山人，以装裱为业，精鉴赏。擅画花鸟、走兽、人物。

画面中九匹骏马姿态各异，各个健硕，用笔简劲，生动自然。署“丁巳临松雪，以应杰臣仁兄大人正，华堂郑法燮”；钤“郑法燮印”“华堂”朱文印和“率真”朱文闲章。

丁巳即 1917 年。

111 **王修花卉四条屏**

1919 年
纵 106 厘米，每屏横 33 厘米
纸本，水墨，立轴

王修（1861 ~ 1926）又署春圃、春溥，字六皆，号三井居士，王贯三堂兄，庄河徐岭后炮台人。清末民国画家，善画花卉，尤善墨竹。

四屏分别绘牡丹、竹子、菊花、梅花。所绘枝干疏密有致，笔墨浓淡相宜，繁而不乱。

之一题“鲜红一品独成家，各色称王压百花。自是写真多溲墨，从来富贵戒奢华”；署“古红崖六皆书，春溥并题”；

之二题“疏疏密密复亭亭，小院幽篁一片青。最爱晚风藤榻上，满身凉露一天星”；署“时在己未，三井居士六皆书”；

之三题“百花开时我不发，我若发时都吓杀。昨夜秋风一场战，浑身披就黄金甲”；署“三井居士六皆（春）溥并题”；

之四题“信笔横斜写素心，天涯何处觅知音。崚嶒骨骼当风立，不受尘埃半点侵”；署“己未夏日画，应霱堂先生大人大雅指谬。古红崖六皆王春溥并题”。

每屏分别钤“六皆”朱文印、“王春圃书画印章”白文印等。

己未即 1919 年。

112 许韬光山水四条屏

1934 年
纵 68 厘米，每屏横 23 厘米
纸本，水墨，立轴

许韬光（1861 ~ 1936）字慎亭、焕亭，号柳园、拙一生、焕氏许。许潜光之弟，庄河东木耳山东谭屯人。擅画山水、人物，春夏秋冬四季是其常用题材，雪景尤佳。

四屏分别绘春夏秋冬四季景色，构图简洁，富有意趣。

之一题“春水桅如天上画”；署“拙一生”；

之二题“江干多是钓人居”；署“拙一生”；

之三题“长日坐消一局棋”；署“拙一生”；

之四题“贪看梅花过野桥”；署“甲戌六月写，拙一生慎氏许”。

每屏均钤“焕亭”朱文印、“许韬光印”白文印。

甲戌即 1934 年。

113 **董麟山兰花四条屏**

1915 年
纵 123 厘米，每屏横 33.2 厘米
纸本，水墨，立轴

董麟山（1860 ~ 1945） 字石樵，号中阳老人、醉石道人、僧道人，所居曰锄月轩。山东黄县人，光绪监生。民国期间来庄河。工山水，墨兰享誉辽南。

四屏分别绘兰花，每丛兰花姿态各异，仿佛散发出阵阵兰香。

之一题“舞风图”；署“锄月轩石樵作”；

之二题“美人香草图”；署“乙卯春，石樵”；

之三题“君子风味永延年”；署“石樵画意”；

之四题“湘江风雨图”；署“石樵墨”。

每屏均钤“石樵”朱文印、“董麟山”白文印和“延年益寿”白文闲章。其中“美人香草图”重复钤“石樵”朱文印、“董麟山”白文印。

乙卯即 1915 年。

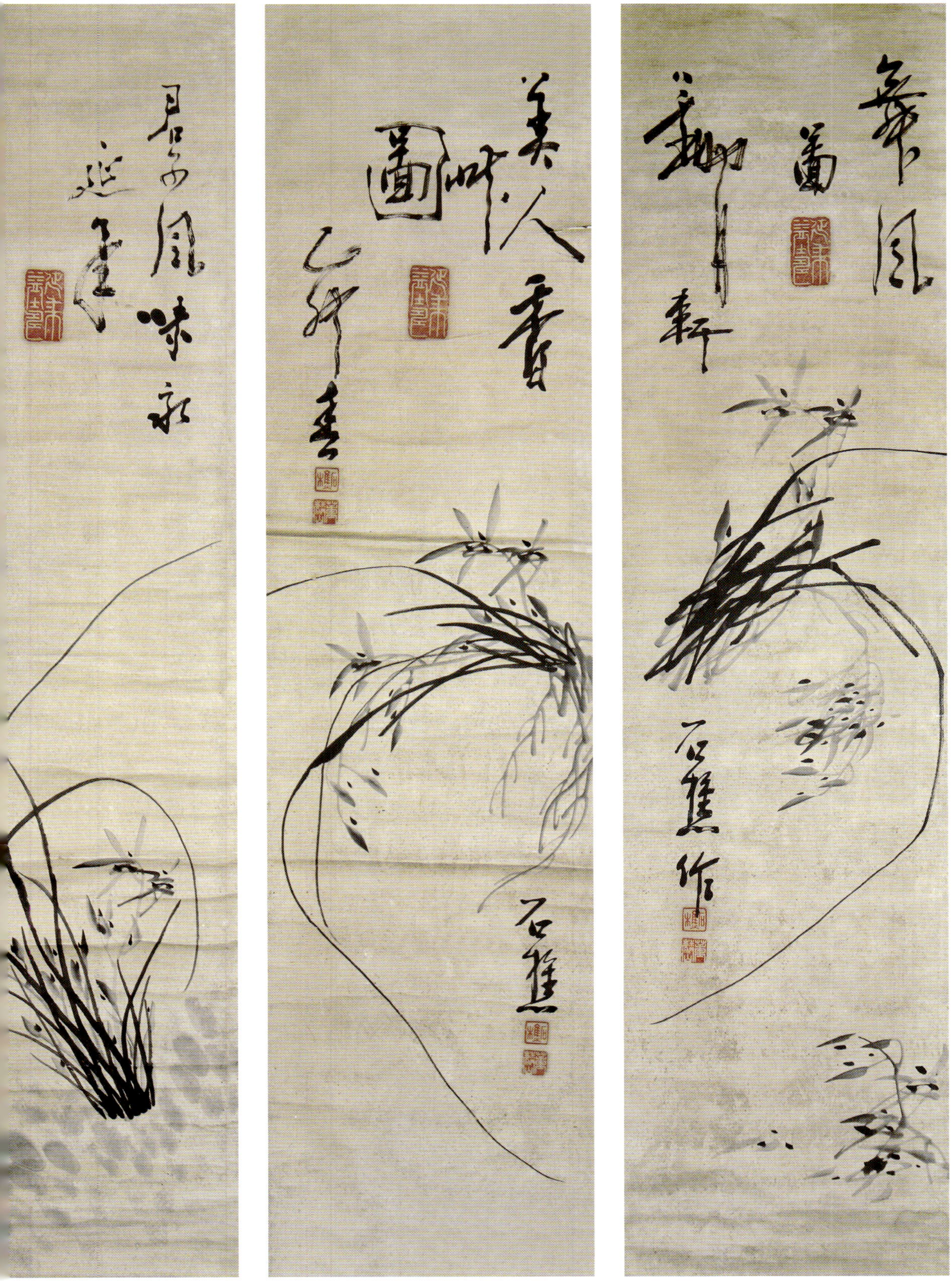

114 董麟山兰石四条屏

具体年份不详
纵 133 厘米，每屏横 33.4 厘米
纸本，水墨，立轴

四屏分别绘兰花山石，或以泼墨法，或以皴法绘出山石质感，以浓墨、淡墨表现兰花幽香。

之一题“空山之中，一天为春”；署“石樵董麟山笔”；

之二题“老芝倍肥老吉珍，老大石头最可人。老年有个秦皇帝，不敢鞭他下海门”；署“石樵墨”；

之三题“幽香空谷图”；署“石樵董麟山墨”；

之四题“潇湘夜雨，芝兰并茂”；署“石樵墨”。

每屏皆钤“董麟山”朱文印、“石樵”白文印。

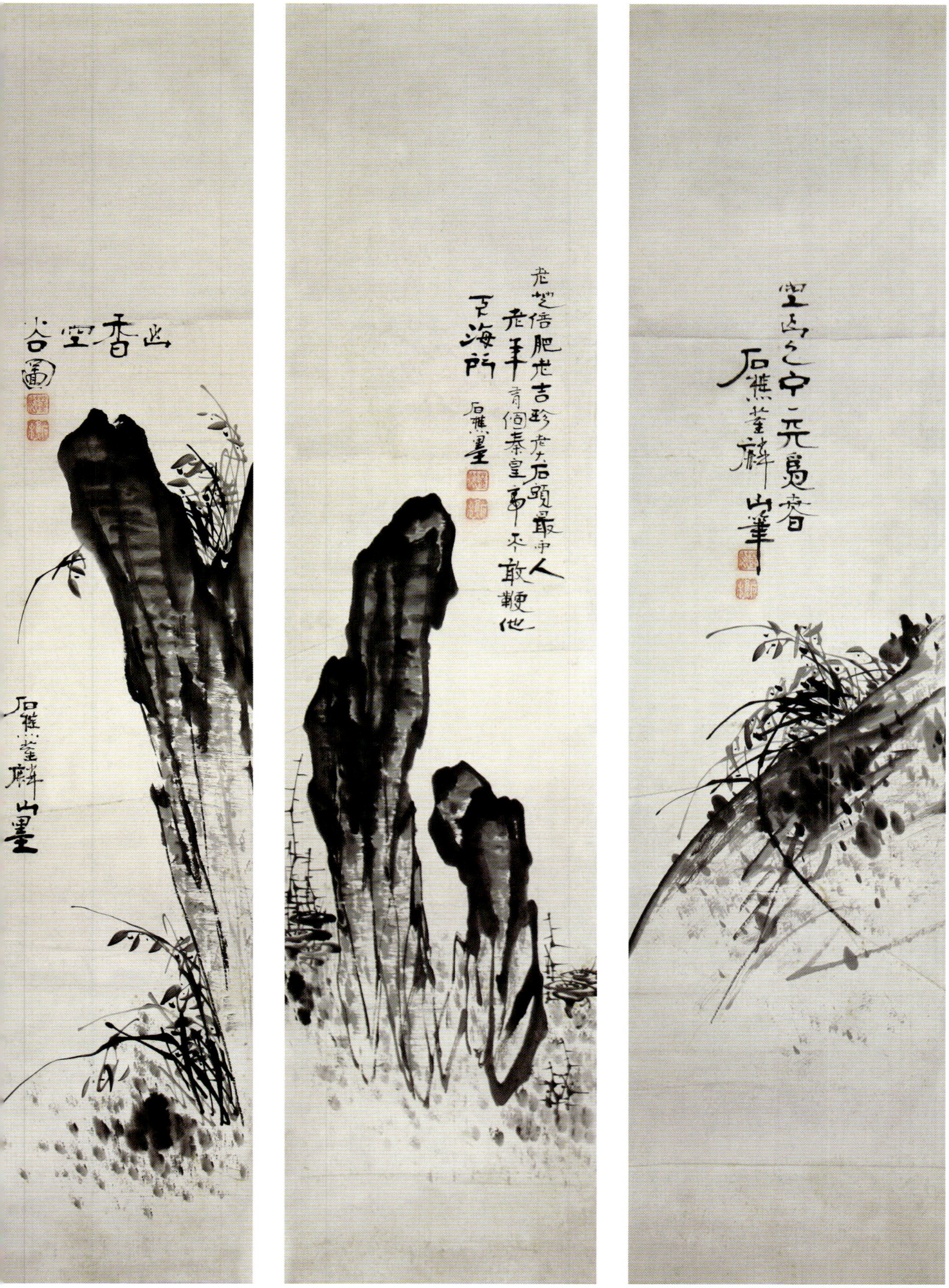
幽香空谷圖

115 **葛树声花鸟图**

1928 年
纵 136.5 厘米，横 52.7 厘米
纸本，水墨，立轴。

葛树声　生于清同治（1862 ~ 1874）年间，字骏九，辽宁岫岩杨家堡松树秧村人。精于翰墨，尤长于墨画，斋号青云草舍。民国期间辽南著名画家。

图绘蕉叶、菊花和细竹，两只麻雀立于竹上。题“蕉叶枯菊正闹，赏秋人来未来”；署“时在民国戊辰中秋，送融卿先生雅嘱，骏九老人”；钤“树声书画”朱文印、“葛骏声印”白文印和“杏花春雨”朱文闲章。

戊辰即 1928 年。

116 **刘心田春山幽居图**

1916 年
纵 106.5 厘米，横 51 厘米
绢本，设色，立轴

刘心田（1854 ~ 1925）字伯良，号秋农，亦号秋农居士，晚号一粟老人，别署静观主人，亦署绿满斋主。世居金州，曾三次参加童试均落榜，遂不求功名，致力学习书画，颇有成就，为辽南地区著名画家、书法家。

画面中群山叠翠，河边大树郁郁葱葱，山脚下几处茅庐，虽不见人，却寓意幽居之人远离尘世。署“丙辰春正月于绿满斋画，以应骏卿仁兄先生雅属。伯良刘心田”；钤“伯良”“心田之印”白文印和“得水隹趣”白文闲章。

丙辰即 1916 年。

丙辰春正月於
綠湯齋畫以應
筱卿仁兄先生雅屬
伯良劉心田

117 孙耕三寒梅迎春图

1921 年
纵 132.5 厘米，横 58.7 厘米
纸本，水墨，立轴

孙耕三（生卒年不详）字田昌，晚清民国时期金州人，以画墨梅闻名当时。

画面中一株苍梅，枝条上缀满绽放的梅花，迎接春天的到来。题“罗浮仙子饮流霞，醉到孤山处士家。几渡（度）东风吹不醒，至今颜色似桃花”；署“岁在辛酉年冬月写于静轩之下，书应雨亭老先生雅属，金州孙畊三写”；钤“耕三”朱文印、“孙田昌”白文印和“读古人书”白文闲章。

辛酉年即 1921 年。

张逢隆东坡夜游承天寺图

1889 年
纵 82.5 厘米，横 45.5 厘米
纸本，设色，立轴

张逢隆（? ~ 1953） 字石楼，河北滦县人。京东八家之一，恭王府专职画家，善画山水人物。民国后寄居辽宁盖州，对当时盖州传统绘画影响颇大。

画面取材于北宋著名文学家苏轼所作《记承天寺夜游》一文。画中人物即苏轼和张怀民。苏轼文中对月夜景色作了美妙描绘，真实地记录了作者被贬黄州的一个生活片段，也体现了他与张怀民的深厚友谊与对知音甚少的无限感慨，同时表达了他壮志难酬的苦闷及自我排遣，表现了他旷达乐观的人生态度。承天寺故址在今湖北黄冈县城南。题“东坡先生夜游承天寺”；署“己丑春日张石楼写”；钤“张逢隆印”白文印、“石楼”朱文印等。

己丑即 1889 年。

119 张乐舟桃园问津图

1921 年
纵 123.3 厘米，横 47.5 厘米
绢本，设色，立轴

张乐舟 (1864 ~ 1941) 本名张学滨，字乐舟，以字行。清末民国时期营口县柳树后官地村人，其作品种类有山水、人物、花鸟等，尤以擅长画人物而著称，为辽南颇具名气的画家。

图绘山岚、茅舍、绿树、流水、小桥和前去茅舍问津之人，一老者拱手迎立，远处一荷桨者正欲过桥。人物、景色绘制极佳。题“桃园问津”；署“时在辛酉榴月上瀚画，乐舟”；钤“张学滨印”“乐舟”朱文印等。

辛酉即 1921 年。

120 马龙谭兰石图

1923 年
纵 105.5 厘米，横 48 厘米
纸本，水墨，立轴

马龙谭（1860 ~？）字藤溪，河北庆云人，后徙沈阳，又居四平。同治七年（1868 年）袭封云骑尉世职；清末擢奉天右路巡防统领；民国初年授东边镇守使，后改洮昌道道尹。擅长书法绘画。

图绘兰花、奇石，墨色浓淡相宜，寥寥数笔，趣味盎然。题“兰为王者香”；署“岁在癸亥桃月仿所南画法，以应善亭仁兄大人雅正”；钤“马龙潭印”白文印、“藤溪”“东边镇守行路观察”朱文印和“任重致远”闲章。

癸亥即 1923 年。

121 **李笑如月夜虎啸图**

1943 年
纵 132 厘米，横 44.8 厘米
纸本，设色，立轴

李笑如（1910 ~ 1980） 名春山，字笑如，以字行。本溪人，以画虎著称。

画面中一轮明月高照山间，一只上山猛虎回首长啸，形象极其生动。题“雄威陡震出山谷，长啸一声百兽惊”；署“癸未秋日写于长啸斋，笑如李春山作”；钤“笑如”朱文印、“李春山”白文印。

癸未即 1943 年。

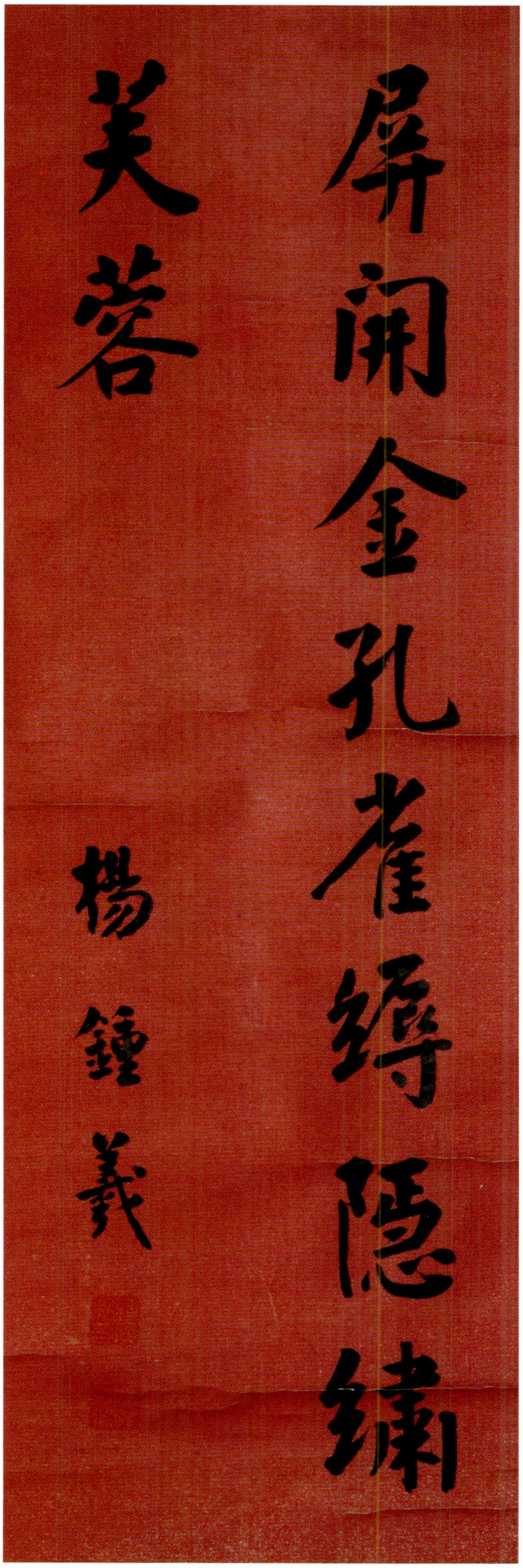

杨钟羲楷书条幅

纵 126 厘米，横 41.5 厘米
纸本，墨书，立轴

杨钟羲（1865 ~ 1940） 清末藏书家、书法家。姓尼堪氏，原名钟庆，戊戌政变后改为钟羲，冠姓杨，字子勤，圣遗、芷晴，号留垞、梓励，又号雪桥、雪樵等。先隶满洲正黄旗，乾隆间改为汉军正黄旗，世居辽阳。光绪十一年（1885 年）举人，十五年（1889 年）进士，历任襄阳、淮安、江宁知府。其楷书结体端正，笔力雄健。

此条幅在红纸上楷书“屏开金孔雀，缛隐绣芙蓉”。署“杨钟羲”；钤“钟庆私印”“乙丑翰林”朱文印。

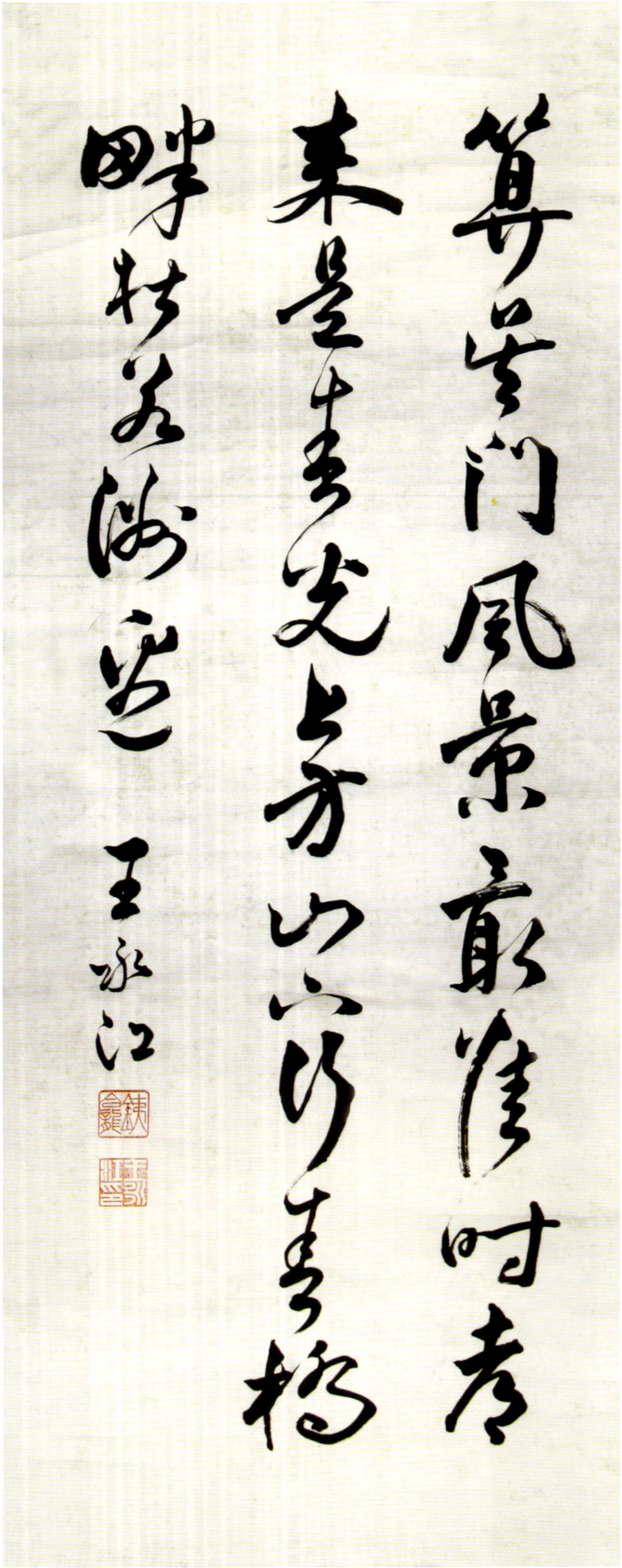

123 **王永江行草条幅**

具体年份不详
纵 117 厘米，横 45 厘米
纸本，墨书，立轴

王永江（1871 ~ 1927） 字岷源，奉天省金州（现大连市金州区）人，祖籍山东蓬莱县。20 岁以县试第一考取优贡，步入仕途。1916 年，出任奉天省督军署高级顾问，旋即为全省警务处处长兼奉天警察厅厅长。1922 年任省长。先后创办奉天纺织厂、东北大学（兼校长）。东北大学校训"知行合一"匾额乃其手笔。喜诗文，擅长书法。著有《读易偶得》《铁龛诗草》《易原窥余》《阴符经注》等。

此条幅行草书“算吴门风景，最佳时（教）来是春光；上方山下、行春桥畔，状若洲边”；署“王永江”；钤 “铁龛” 朱文印、“王永江印”白文印。

124 **喜禅行草联**

具体年份不详
纵 126 厘米，横 58 厘米
纸本，墨书，立轴

此联为喜禅书清郑燮所作《道情》之一：“老头陀，古庙中，自烧香，自打钟。兔葵燕麦闲斋供，山门破落无关锁。斜日苍黄有乱松，秋星闪烁颓垣缝。黑漆漆蒲团（打）坐，夜烧茶炉火通红”；署“乞丐僧沐浴戒斋恭书于古刹”；钤“广饶县天循延伯庄培基”白文印。

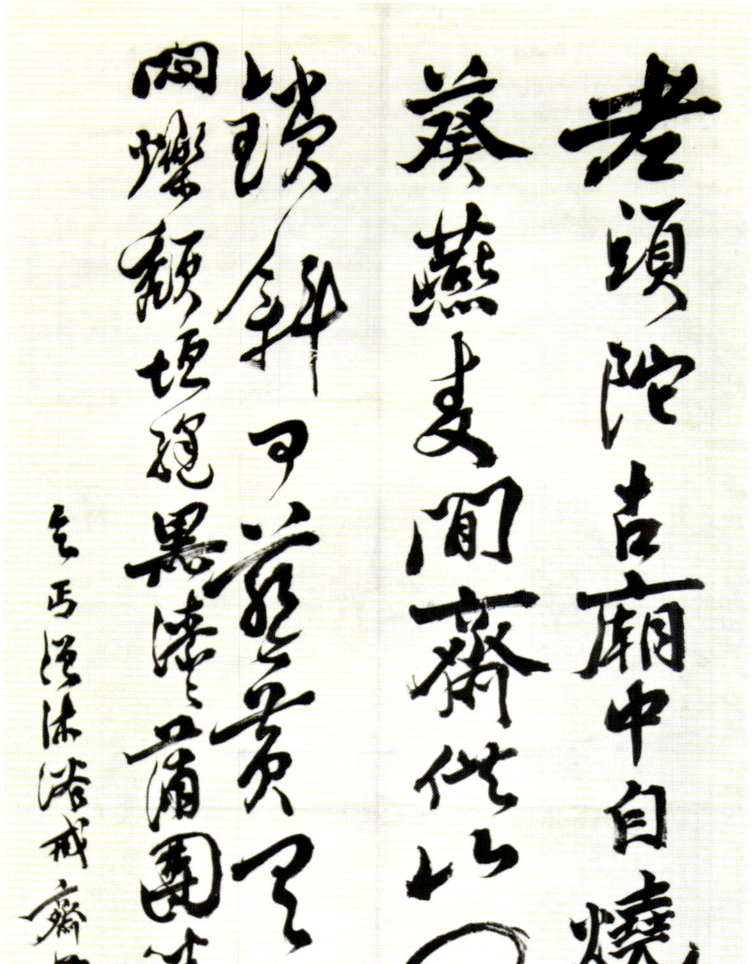

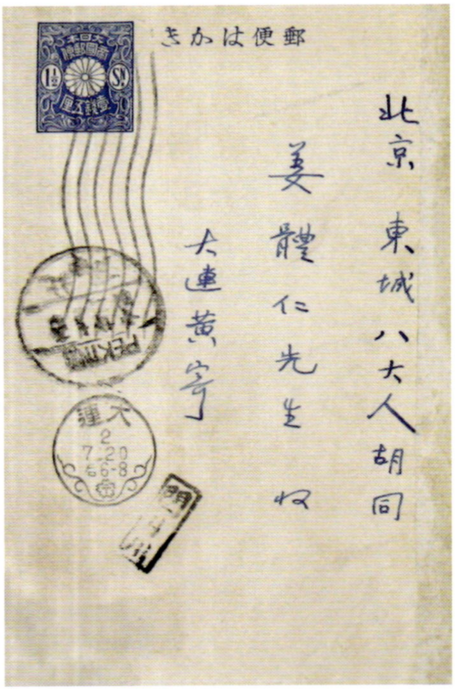

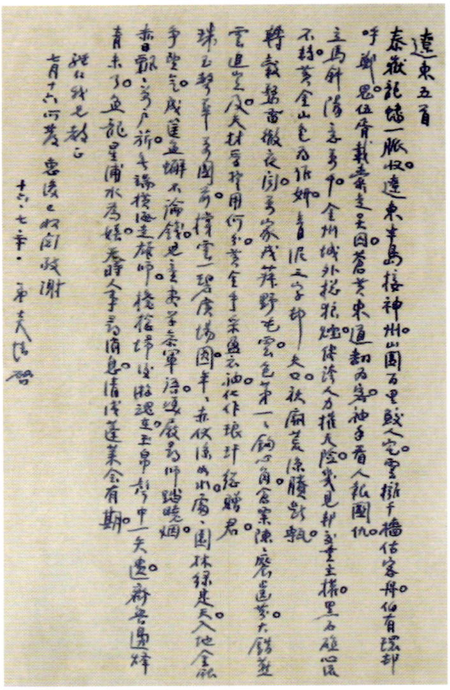

125 黄炎培《辽东五首》诗稿

1927 年
纵 14 厘米，横 8.7 厘米
纸本，钢笔书写

黄炎培（1878 ~ 1965 年），号楚南，字任之，笔名抱一，江苏省川沙县（今上海市浦东新区）人。中国教育家、实业家、政治家，中国民主同盟主要发起人之一。

此为 1927 年 7 月 20 日黄炎培于大连寄给好友姜体仁的当时邮政所用的日本邮资明信片，正面书写寄往姜体仁的地址，背面是他亲笔书写的《辽东五首》诗稿。诗稿中有金州城、黑石礁、黄金山、青泥、星浦等大连地名，表达了诗人对辽东半岛沦落日本之手的沉痛和期待收复、回归神州的心情。

《辽东五首》

泰岳龙蟠一脉收，辽东半岛接神州。山围百里鲛人宅，雲拥千樯估客舟。伯有环村呼郑鬼，伍胥载橐走吴囚。苍黄东道翻为客，袖手看人报国仇。

立马斜阳意万千，金州城外总狼烟。尽夸人力摧天险，几见邦交重主權。黑石礁心流不转，黄金山色为谁妍。青泥三字村夫口，秋庙荒凉牓断瓯。

转毂惊雷彻夜闻，万里戍菽野屯雲。色第一一钩心角，仓粟陈陈餍齿芬。大错燕雲追岂及，天材晋楚用何分。黄金手采盈衣袖，化作琅轩总赠君。

珠玉声萃万国前，撑云一碧广场圆。年年赤伏凉如水，处处园林绿是天。入地金银争望气，成筐鱼蟹不论钱。儿童尽学参军语。笑履寻师踏晓烟。

赤日飘飘万户旂，无端横海走雄师。才槍扫后游魂在，玉帛声中一矢遗。齐鲁边烽青未了，鱼龙星浦水为嬉。天封人事寻消息，清浅蓬莱曾有期。

礼仁我兄教正

七月十六日写，惠俊已收阅致谢。

十六・七・二十 弟炎培启

孙世昌楷书对联

具体年份不详
纵 133 厘米，横 34.5 厘米
纸本，墨书，立轴

此联书“碧松影里天常静，红藕池边水亦香”。上联题“书佩棣台正之”，下联署“铁梅偶书”；钤“孙世昌印”白文印、“桐九”朱文印。

127 **刘海粟行草水龙吟条幅**

1978 年
纵 190 厘米，横 160 厘米
纸本，墨书，立轴

刘海粟（1896 ~ 1994） 名槃，字季芳，号海翁。江苏常州人。现代杰出画家、美术教育家。1912 年创办上海图画美术院，后改为上海美术专科学校，1919 年 7 月任校长。早年习油画，苍古沉雄。兼作国画，后潜心于泼墨法。历任南京艺术学院名誉院长、教授，上海美术家协会名誉主席、中国美术家协会顾问。英国剑桥国际传记中心授予“杰出成就奖”，意大利欧洲学院授予“欧洲棕榈金奖”。

此条幅行草书水龙吟词“擎天华岳峰高，九州生气风雷换。云冈千仞，涛声万里，紫烟生暖。天骄拏空，峥嵘立节，乾坤新转。看干霄磅礴，葱葱郁郁，虬枝直，同舒腕。最喜膻腥尽洗，去荆榛、征途夷坦。百花齐放，层林竞爽，五松长健。琥珀脂凝，笙簧韵协，朝晖光灿，正旌旗，红遍江山，锦绣遂苍生愿。水龙吟”；署“戊午中秋刘海粟于大连棒棰岛，年方八三”；钤 “刘海粟印” “鹰击长空”白文印和闲章“静远堂”白文印。

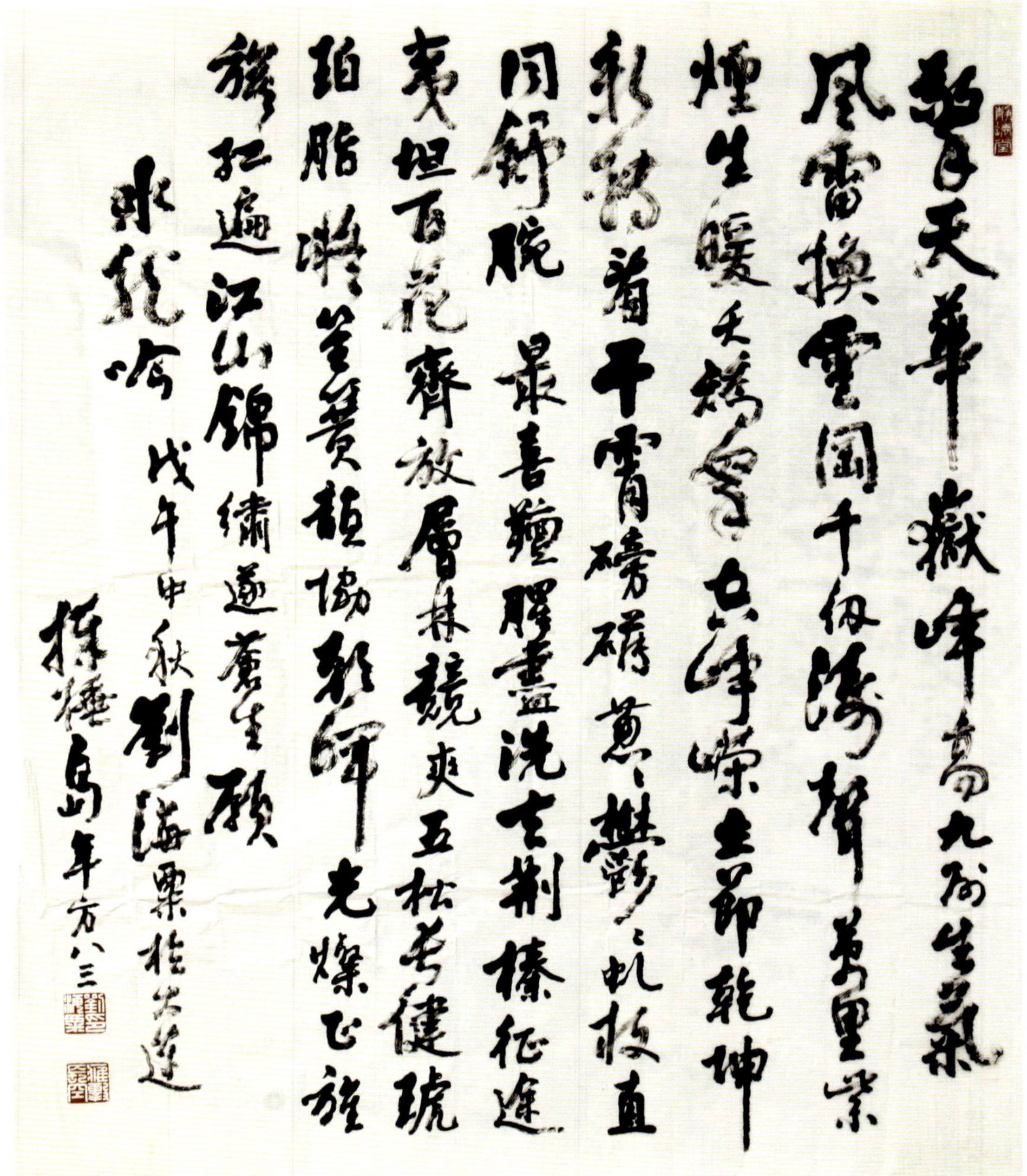

水龍吟
戊午中秋
劉海粟

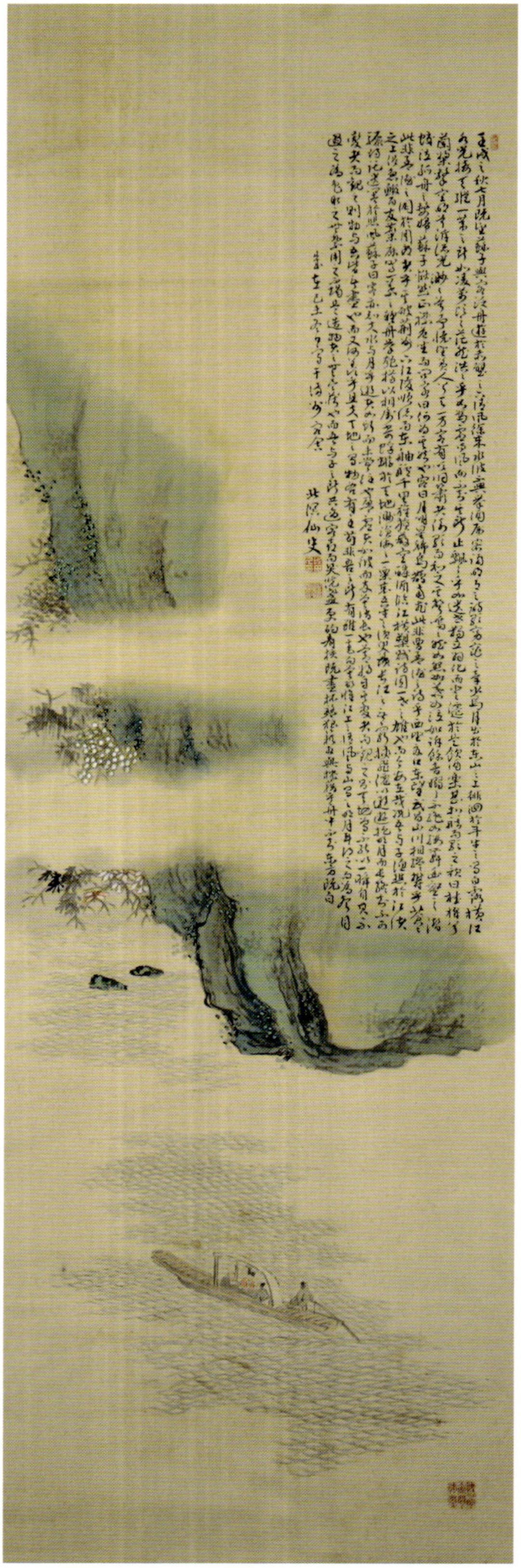

128 日本堀田久赤壁怀古图（前赤壁赋）

近代
纵 128.5 厘米，横 41 厘米
绢本，设色，立轴

图以青绿山水画法绘苏轼等月夜泛舟赤壁所见所感。画面右上录苏轼《前赤壁赋》全文。署“岁在已未冬日，写于满洲客舍”；钤“堀田久印”白文印、“北溟”朱文印等。

《前赤壁赋》为苏轼作于宋神宗元丰五年（1082）秋贬谪黄州（今湖北黄冈）之时。作者通过主客问答的形式，写出了月夜泛舟的舒畅，到怀古伤今的悲咽，再到精神解脱的达观。

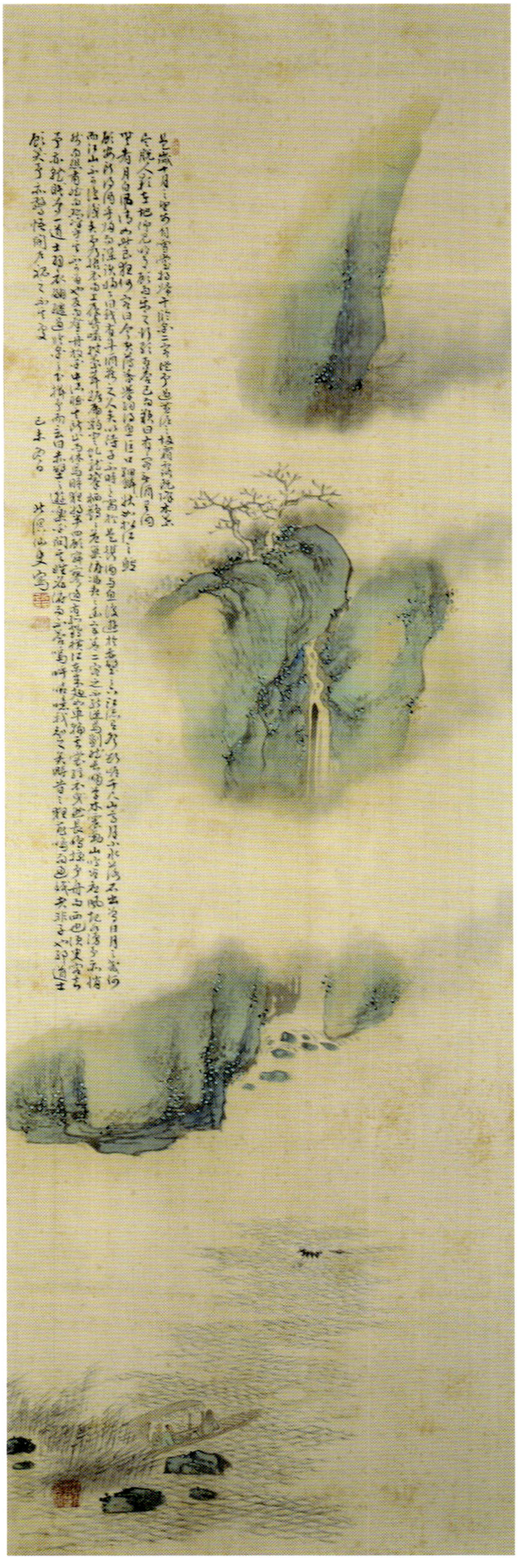

129 日本堀田久赤壁怀古图（后赤壁赋）

近代
纵 128.8 厘米，横 41 厘米
绢本，设色，立轴

图以青绿山水画法绘苏轼游赤壁所感。画面左上录苏轼《后赤壁赋》全文，署“己未冬日，北溟仙史写”；钤“堀田久印”白文印、“北溟”朱文印等。

《后赤壁赋》是《前赤壁赋》的姊妹篇，为苏轼作于宋神宗元丰五年（1082）十月既望（农历十月十六），表现了作者内心怅然若失的苦闷。

130 日本素石麻姑献寿图

近代

纵 123.4 厘米，横 40.4 厘米

绢本，设色，立轴

图以工笔绘麻姑献寿情景。苍松之下，麻姑手捧仙桃，敬献王母娘娘，地面牡丹盛开，寓意富贵长寿。署“素石”；钤“坚白”白文印、“素石”朱文印。

麻姑又称寿仙娘娘、虚寂冲应真人，中国民间信仰的女神，属于道教人物。据《神仙传》记载，其为女性，修道于牟州东南姑馀山（今山东莱州市），中国东汉时应仙人王方平之召降于蔡经家，年十八九，貌美，自谓“已见东海三次变为桑田”。故古时以麻姑喻高寿。又流传有三月三日西王母寿辰，麻姑于绛珠河边以灵芝酿酒祝寿的故事。旧时中国民间为女性祝寿多赠麻姑像，取名麻姑献寿。

131 **日本松涛秋山隐居图**

1929 年
纵 123.7 厘米，横 39.6 厘米
绢本，设色，立轴

图以工笔绘崇山、苍松、流水。此时已是初秋，二人隐居山中茅舍。题“青林白谷水云乡，隐者深居一草堂。百道香泉为天落，四时花气入簾香”；署“昭和己巳初秋，松涛山人”；钤“松涛”白文印、“山人”朱文印。

昭和己巳即 1929 年。

132 日本竹外秋山茅庐图

近代

纵 125.6 厘米，横 41.6 厘米

绢本，设色，立轴

图以工笔绘阳光之下山中茅舍隐居之人，岸边之树已经落叶，显然进入深秋。题“楼南过壁几成行，欲以□早生夜凉，应存远人乡思动，月光娟娟白如霜。茅亭傍尘忆江湾，宿雁声声芦荻间。倦枕终宵难作□，倚阑吾见月中山”；署“乙卯秋日並题于槐阴书楼作，竹外年七十有六”；钤：“竹外”“梧桐”朱文印和“煮茶鹤避烟”朱文闲章。

133 日本竹甫敬岁寒二友图

近代
直径30.2厘米
绢本，设色，立轴

圆光，绘梅、竹。题“岁寒二友”；署“竹圃敬”；钤“敬印”白文印、“竹圃”朱文印。

134 日本应举富士山图

近代

纵 35 厘米，横 52 厘米

绢本，水墨，横轴

图绘日本富士山景色，山之不同高度云雾缭绕，顶峰白雪皑皑，层次分明，技法纯熟。署“应举”；钤“应举之印”白文印。

135 日本领雪山水人物图

近代
纵 126 厘米，横 42 厘米
绢本，设色，立轴

图绘垂柳、人物。题“抛却微官身自由，应无一事挂心头。销忧文藉琴书力，佶公先生有尘忧。得将万木意欣荣，颇为行休惜此生。参作乐天知浪语，看君于世未忘情”；署“岭雪散士作于锦江城南庄”；钤“领雪”白文印，“□龙起云”朱文闲章。

136 日本欣哉菊花图

近代
纵 91 厘米，横 40 厘米
绢本，设色，立轴

图绘盆栽紫色菊花和蜻蜓蝴蝶。署“欣哉写意”；钤“欣哉所作”白文印。

137 日本清香持花少女图

近代

纵 113 厘米，横 32 厘米

绢本，设色，立轴

图绘日本持花回首少女。署“清香”；钤“清香”朱文印”。

138 日本秀堂持卷女子图

近代

纵 137 厘米，横 35 厘米

绢本，设色，立轴

图绘日本持卷阅读女子。署“秀堂”；钤“秀堂”朱文印。

兴隆。题“**また一つ風船にげ，恵方 可ふ**”；
署“自得”；钤“自得”朱文印。

139 日本自得人物图

近代
纵 131 厘米，横 33 厘米
纸本，设色，立轴

图绘二人正在进行祭祀活动，祈祝生意兴隆。题“**また一つ風船にげ，恵方 可ふ**”；署“自得”；钤“自得”朱文印。

140

辽南皮影头茬一组

1911 ~ 1949
纵 8 厘米
皮质

辽南皮影与河北唐山皮影属于同一影系，皮影的造型也与唐山皮影一脉相承。一般以驴皮雕刻，故称“驴皮影”。人物造型一般由影头（俗称头茬）、影身（俗称戳子）构成。从角色行当上说，影人头茬的脸谱分为生、旦、净、大（大胡子花脸）、髯（老生）、丑等几大类。影人的冠戴则可以分为盔、冠、巾、帽等几类。

状元头茬

文生公子巾头茬

小生元帅头茬

武生公子巾头茬

武生扎巾头茬

风帽文官头茬

老生皇帝头茬

罗帽武生头茬

老生王帽头茬

三尖髯武官头茬

大胡奸白脸元帅头茬

三尖髯元帅头茬

红净公子巾武生头茬

红净元帅头茬

红净武将头茬

大胡黑净相纱头茬

大胡红净元帅头茬

小旦头茬

番女皇帝头茬

凤冠老旦头茬

女元帅头茬

包巾武旦头茬

包巾女将头茬

丑扎巾女将头茬

丑公子巾武生头茬

麻脸老旦头茬

反女帅头茬

包巾武旦头茬

小旦头茬

抱龙盔女将头茬

辫子小旦头茬
纵 23 厘米

凤冠老旦头茬
纵 12 厘米

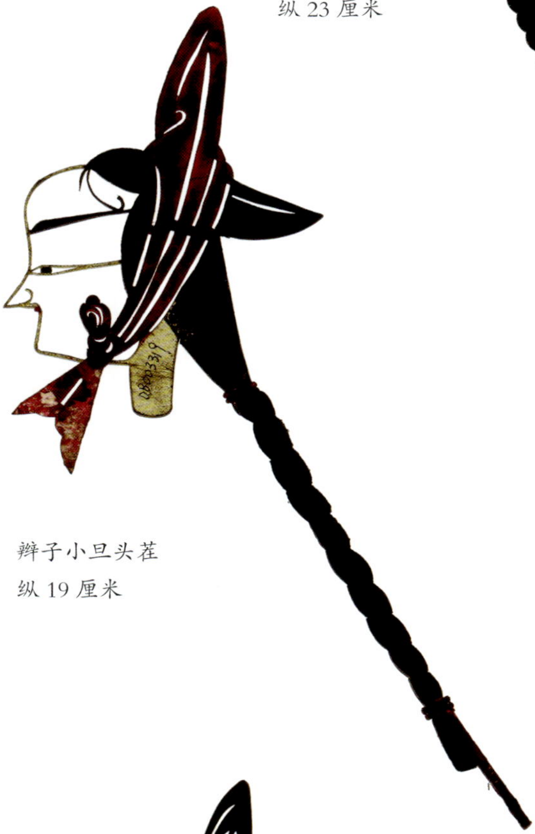

辫子小旦头茬
纵 19 厘米

小旦头茬
纵 10 厘米

141 **陕西皮影头茬一组**

1911 ～ 1949
纵 10—23 厘米
皮质

陕西皮影一般选用年轻、毛色黑的公牛皮雕刻。这种牛皮厚薄适中，质坚而柔韧，青中透明。造型风格以咸阳为界分为东、西两路。东路皮影造型以华县、华阴、大荔、渭南一带碗碗腔皮影造型为代表，造型严谨、古朴含蓄，有成套的雕镂技法，影人的形体小巧，小生、小旦的高额直鼻、嘴形很小，形象妩媚，正所谓“弯弯眉，线线眼，樱桃小口一点点”。人物性格则以平眉和立眉区别，文人雅士以平眉表现清秀文静；武生将帅则以立眉表现其威武强悍。西路皮影造型在咸阳以西至宝鸡地区，造型夸张且装饰性强，主要特点是花脸多圆鼻深眼，生旦脸型多通天鼻而无鼻翼，图案花纹简明大方。

老生耳不闻帅盔头茬 纵 22 厘米

信子盔老生头茬 纵 14 厘米

杂脸子耳不闻帅盔头茬 纵 14 厘米

信子盔老生头茬 纵 14 厘米

扎巾武将头茬 纵 15 厘米

霸王盔杂脸头茬 纵 15 厘米

扎巾武将头茬 纵 18 厘米

扎巾武将头茬 纵 17 厘米

八面威武将头茬 纵 13 厘米

八面威武将头茬 纵 14 厘米

翎子番将头茬 纵 13 厘米

二梁子纱帽小生头茬 纵 13 厘米

大奸脸丞相头茬 纵 12 厘米

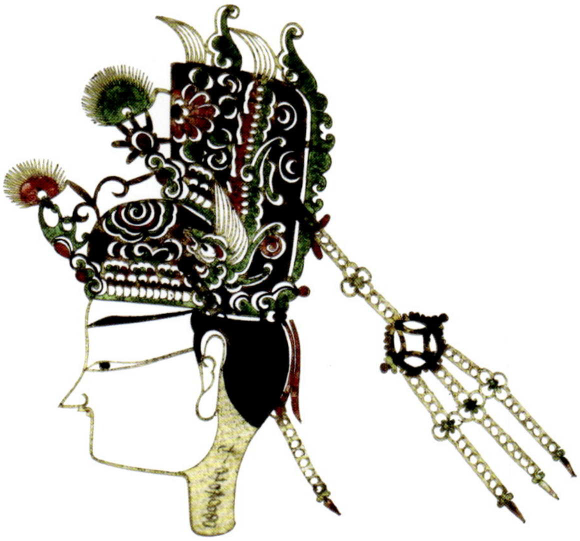

皇帝小生头茬 纵 12 厘米

皇帝小生头茬 纵 10 厘米

皇帝老生头茬 纵 12 厘米

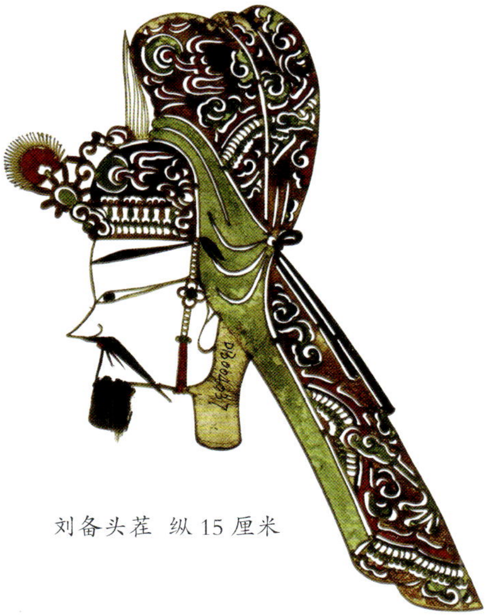

刘备头茬 纵 15 厘米

皇帝老生头茬 纵 12 厘米

关羽头茬 纵 15 厘米

莲花顶神仙头茬 纵 16 厘米

寿星头茬 纵 13 厘米

142

辽南皮影戏《蝴蝶杯》场景

清（1644 ~ 1911）
纵 78 厘米，横 126 厘米
皮质

辽南皮影戏《蝴蝶杯》场景含剧中主要人物田玉川、胡凤莲、卢凤英影人和道具。

大连博物馆藏品选

DALIIAN MUSEUM COLLECTION SELECTION

143

辽南皮影戏《金玉缘》场景

清（1644 ~ 1911）
纵 78 厘米，横 126 厘米
皮质

辽南皮影戏《金玉缘》场景含剧中主要人物书生王金榜、狐仙胡玉荣影人和道具。

144 **河北皮影戏《凤仪亭》场景**

清（1644 ~ 1911）
纵 78 厘米，横 126 厘米
皮质

河北皮影戏《凤仪亭》场景含剧中主要人物吕布、貂蝉、董卓影人和道具。

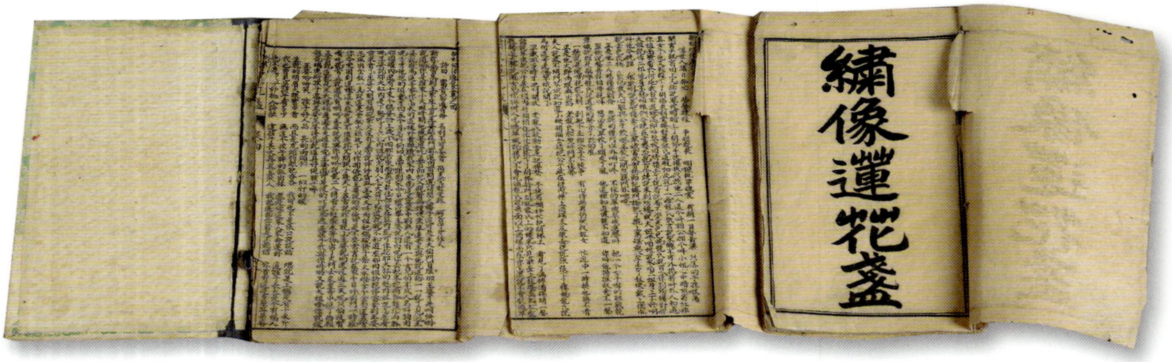

145 《绣像莲花盏》影卷

1906 年
纵 15.2 厘米，横 9 厘米
纸本，石印

共 4 册。封套题“说唱浑元钵　上海江永茂记印行”。共四册，第一册扉页印“绣像莲花盏”“光绪丙午仲秋　上海书局石印”。附图 4 帧。

光绪丙午即 1906 年。

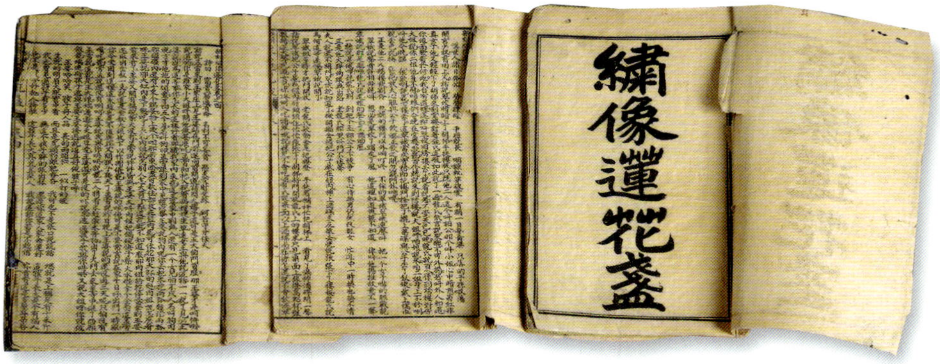
繡像蓮花盞

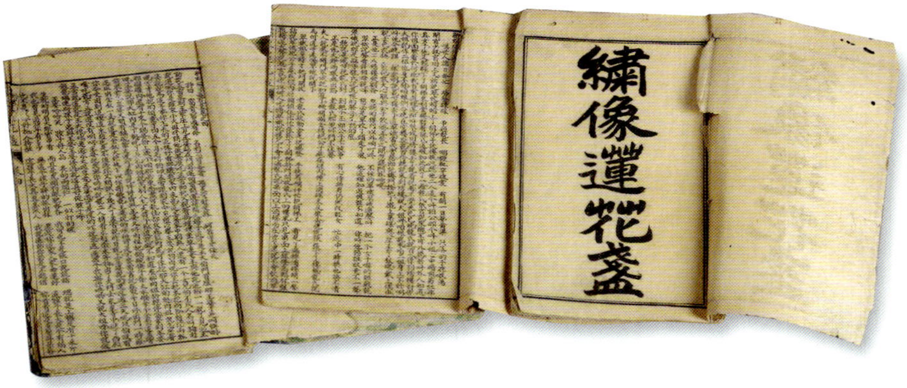
繡像蓮花盞

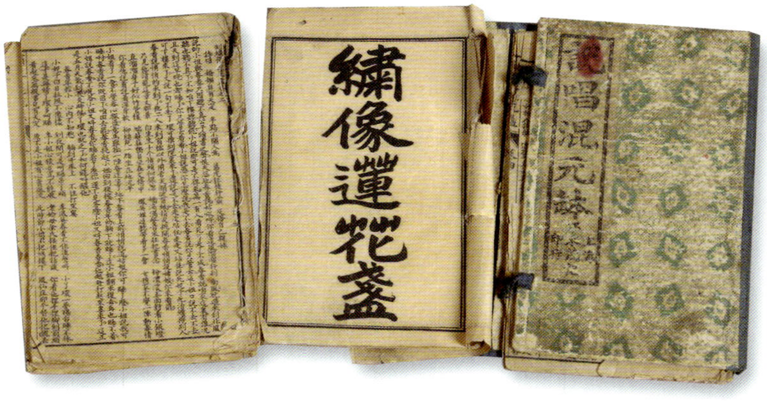
繡像蓮花盞

146

《绣像五峰会》影卷

1908 年
纵 16.9 厘米，横 10 厘米
纸本，石印

共 6 册。第一册封面印“绣像五峰会初集 头本”，扉页印“光绪戊申孟冬 绣像五峰会初集 锦府天禄阁书局石印”；扉页背面印“乾天剑全传”。附图 6 帧。正文首页印“新出绣像五锋（峰）会第一集乾天剑卷一”。《五峰会》分为《乾天剑》《保龙山》《平西册》三集，讲述了宋朝曹克让一家与奸臣沈恒威斗争的故事及女将鲍彩云（曹克让儿媳）征西的故事。

光绪戊申即 1908 年。

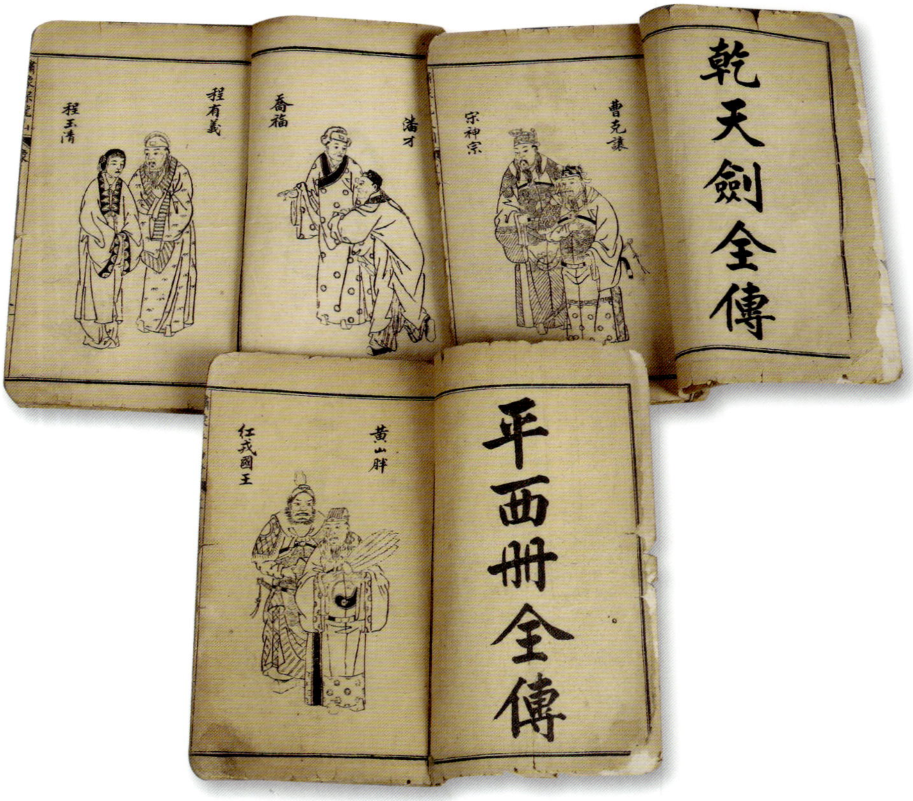

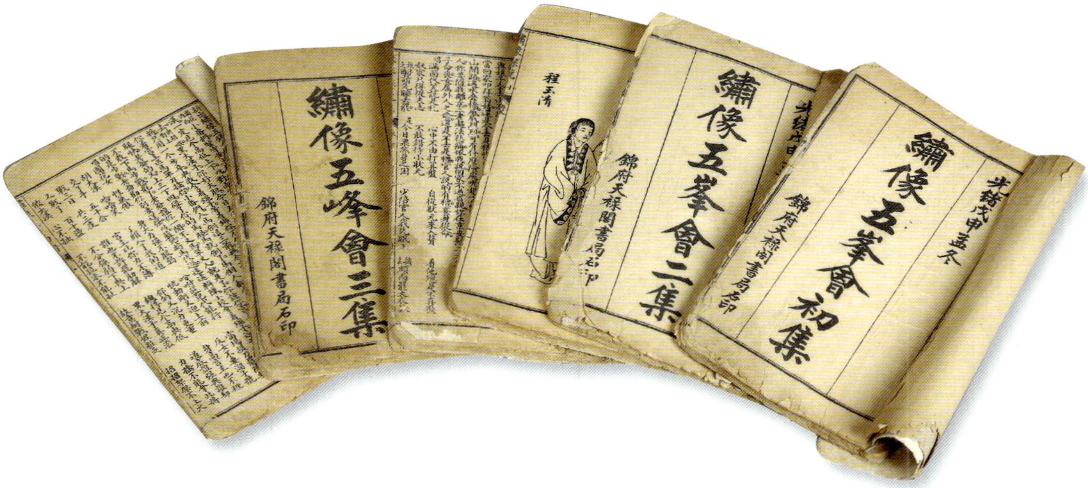
繡像五峰會三集
錦府天祿閣書局石印
繡像五峯會二集
繡像五峯會初集

平西冊全傳
乾天劍全傳

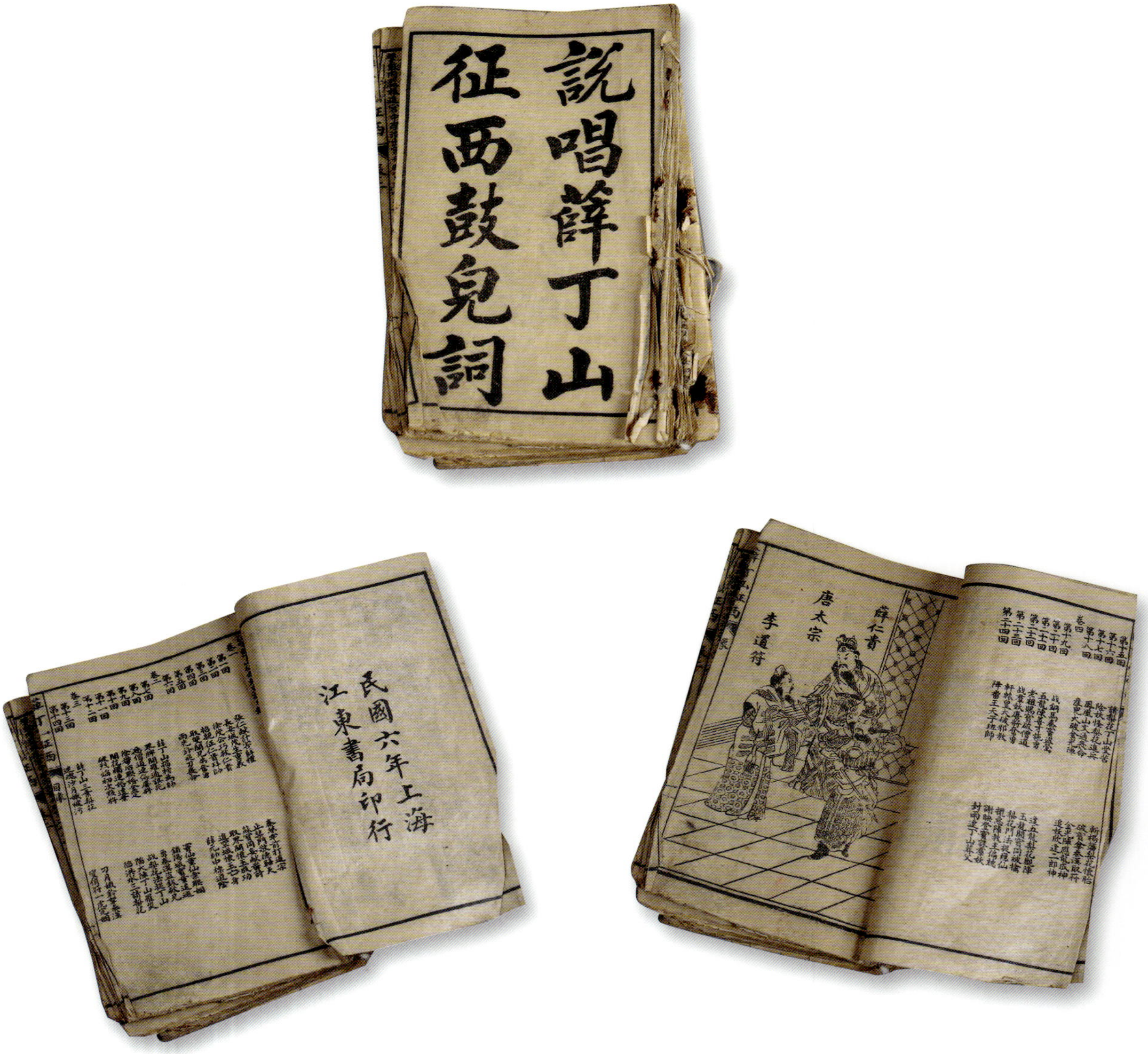

147 《薛丁山征西唱词》影卷

1917 年

纵 15.2 厘米，横 9 厘米

纸本，石印

共 4 册，封面已失。第一册扉页印“说唱薛丁山　征西鼓儿词”，背面印“民国六年上海　江东书局印行”。《薛丁山征西唱词》讲述了唐朝英雄人物薛丁山的故事。

民国六年即 1917 年。

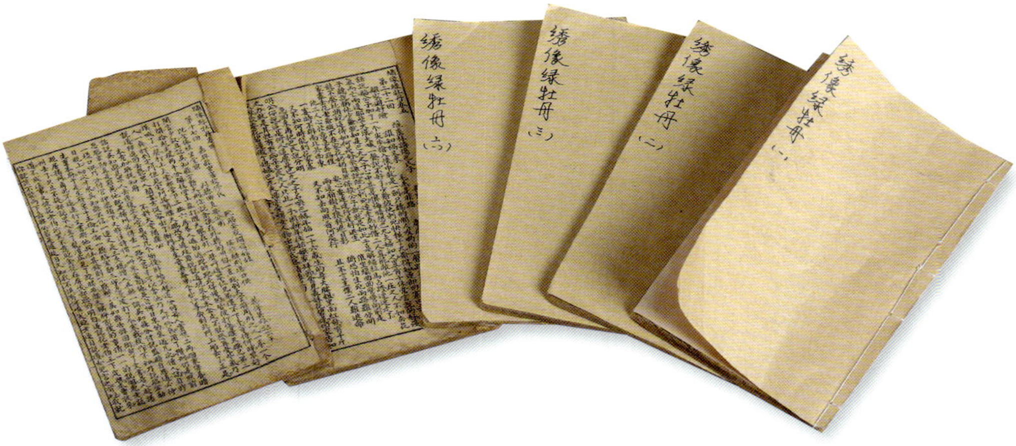

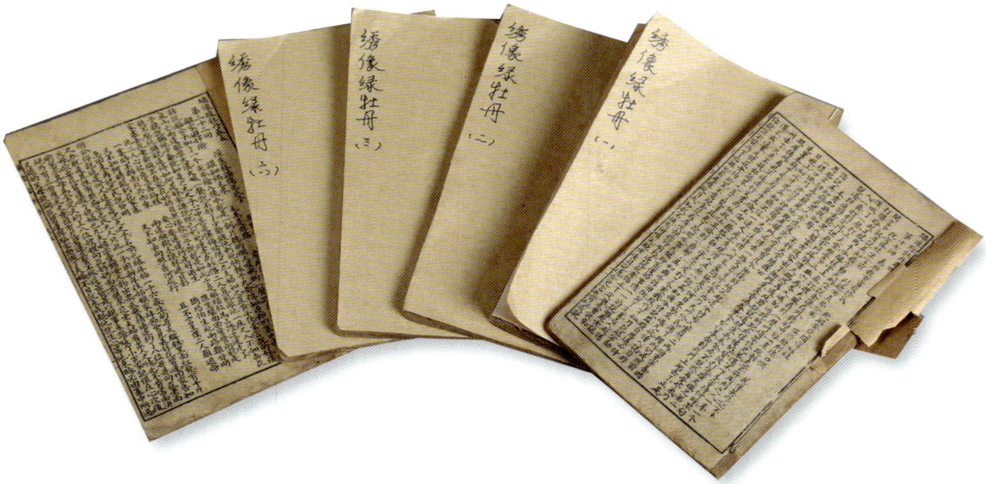

《绣像绿牡丹》影卷

1912 ~ 1945
纵 14.8 厘米，横 9 厘米
纸本，石印

共 6 册。第一册首页印“原序”，第 2 页印“新刻绿牡丹鼓词全部，并列有六卷三十二回题目”，附图 4 帧。《绿牡丹》影卷以唐代武则天时期为背景，以骆宏勋与花碧莲的恋爱为线索，穿插了一群江湖侠客除暴安民的故事。

149 《青云剑》影卷

1921 年
纵 20 厘米，横 13.3 厘米
纸本，石印

共 8 册。封套印“神怪剑侠之（小）说 大字足本 青雲剑影词 上海大成书局（校经山）房成记印行”。第一册扉页印“民国辛酉秋月 绣像青雲剑影词 上海大成书局印行”，背面印“鼓词小说”丛书介绍。其后列出“新出绣像青雲剑目录”八卷三十二回题目。附图 4 帧，为影词中主要人物晋昭后、晋昭帝、司马朗、黄宗道、王敦、王佑、陶妃、陈金定、马潜龙、邢赞、许江、英武等人画像。

民国辛酉即 1921 年。

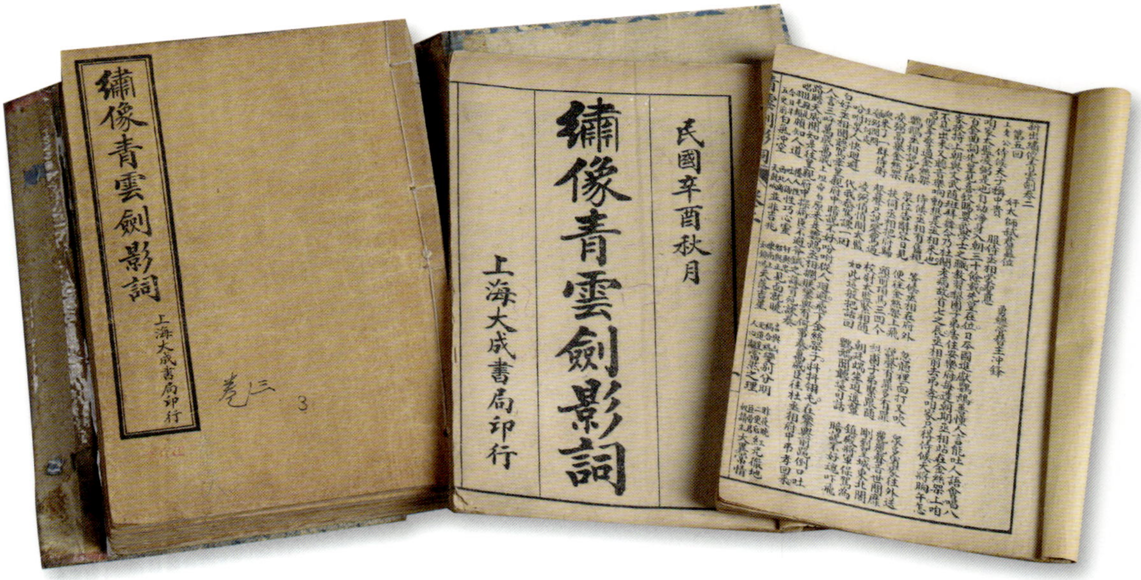

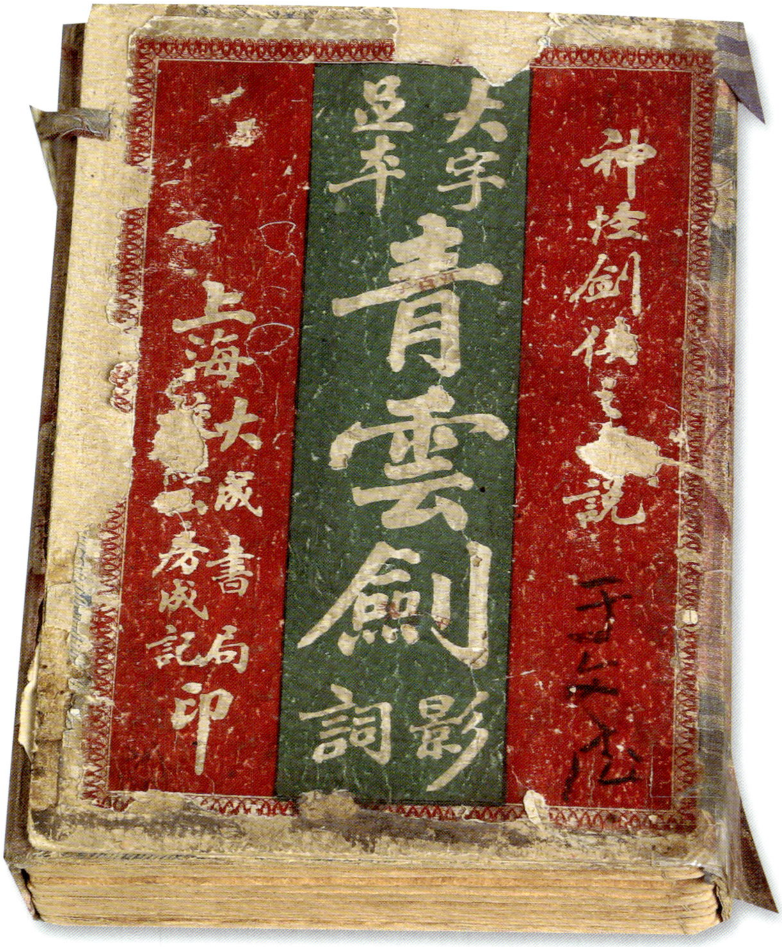
大字足本
青雲劍影詞
神怪劍俠
說
上海
大成書局
記印

150 **麻姑献寿图寿幛**

1912 ~ 1949
纵 157 厘米，横 93 厘米
缎质，刺绣

红地，绣麻姑献寿图。图中麻姑手托装有酒壶、双爵的托盘，面向一手持杖，一手抚身前小梅花鹿的慈祥寿星。寿星服装绣有寿字、蝙蝠、花卉，寓意福禄寿。该绣品用色清丽，局部用盘金针法锁边。

151 和合二仙图幛

1912 ~ 1949
纵 160 厘米，横 100 厘米
缎质，刺绣

红地，使用垫绣、平绣等多种针法绣出“和合二仙”。二仙为寒山、拾得，均为唐代僧人，后按民间习惯，逐渐演变成手持荷花、篮子两个童子。荷与“和”谐音，篮中飞出蝙蝠，蝠与“福”谐音，取其合好之意。此幛用绣线色彩的变化来烘托人物形象，用黑线勾勒边缘。

152 **“锦堂焕彩”寿幛**

清（1644 ~ 1911）
纵 80 厘米，横 403 厘米
缎质，刺绣

红地，以盘金绣法绣有“锦堂焕彩”四字，周围也以盘金绣法绣分骑麒麟、狮子、老虎、鹿、凤等灵兽的八仙和刘海，间饰祥云，下方有鎏金铜质泡钉装饰物，下摆为鎏金宝瓶流苏。

錦堂

153 八仙图桌帷

1912 ~ 1949
纵 86.7 厘米，横 106.8 厘米
缎质，刺绣

红地，以盘金绣法绣姿态各异的八仙，局部用平针绣法，边缘饰回龙纹，围绕八仙绣有象征长寿的松枝、灵芝等。

154 “一路连科”图枕顶

清（1644 ~ 1911）
纵 16 厘米，横 15.4 厘米
缎质，刺绣

浅蓝地，一侧枕顶绣有一只鹭鸶和带莲叶、莲蓬的莲花，寓意“一路连科”；另一侧枕顶绣有一渔翁乘舟垂钓。

155

“安居乐业”图枕顶

清（1644 ~ 1911）
纵 18 厘米，横 16.9 厘米
缎质，刺绣

枕顶以蓝色缎为地，一侧绣有鹌鹑、菊花、落叶。鹌”与“安”同音，“落叶”与“乐业”谐音，“菊”与“居”谐音，图纹取“安居乐业”之意，寓意对美好生活的向往。另一侧绣洗砚图，画面取自魏野的《书逸人俞太中屋壁》诗句：“羡君还似我，居处傍林泉。洗砚鱼吞墨，烹茶鹤壁烟。”。人物未绣眼睛，与满族信仰萨满教习俗有关：一说为避免鬼神夜间查看卧室的活动；另一说是满族姑娘出嫁前枕顶人物不绣眼睛，出嫁后补绣眼睛。

后　记

本书是大连博物馆藏品的综合图录，旨在为讲好文物背后的故事，进而讲好中国故事提供实物资料。我们从馆内数千件（套）藏品中遴选出百余件（套）文物收入本书，力图尽可能反映本馆藏品的特点。

本书所收录的藏品由典藏技术部提供文字说明素材，武艳飞、张艳分别写出了书画和绣品的文字说明初稿，其余文字说明由姜晔完成，研究室路懿菡参加了皮影遴选；图片摄影由李慧承担。本书初稿完成后，由主编姜晔研究馆员修订、统编定稿。

本书是集体智慧的结晶。在本书编写工程中，相关部（室）同仁付出了辛勤的工作，从而保证了本书的顺利完成。刘天恒先生多次参与辨识书画题款和印章文字，贡献良多；文物出版社责任编辑徐旸先生精心编辑，为本书增色许多。值此《大连博物馆藏品选》出版之际，谨向为本书编写、出版付出劳动的人们表示诚挚的谢意！

编著者

2018 年 12 月